취학 전 1,000권 읽기

문해력, 어휘력,
사고력을 키워주는
도서관 책육아

취학 전 1000권 읽기

이지유
여현경
이신영

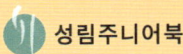
성림주니어북

여는말

한 아이를 키우려면 온 마을이 필요하다

이지유
중랑숲어린이도서관장

중랑구 아이들은 매일 도서관을 방문한다. 저마다 독서 여권과 기록장을 들고 가벼운 발걸음으로 도서관을 향한다. 조용했던 도서관은 어느새 아이들로 북적이고, 그렇게 아이들은 자유롭게 책과 친해진다.

'매일 독서'를 강조한 '취학 전 천 권 읽기' 사업은 지역사회의 많은 변화를 가져왔다. 사교육에 고립됐던 아이들이 동네 공공도서관을 찾아와 그 안에서 새로운 책 놀이터를 만들었다. 밀린 숙제와 학습지에 얽매이지 않고 원하는 책을 읽으며 행복해하는 아이들의 모습에서, 지역사회와 마을 공동체, 공공도서관이 동행해 책 읽는 문화를 만들어가는 것에 감사와 사명감을 느낀다.

모든 독서 운동이 그렇듯 '취학 전 천 권 읽기' 사업도 처음부터 순조롭진 않았다. 많은 민원이 있었고, '천 권'이라는 단어로 다독만 강조한다는 지적도 받았다. 하지만 그런 와중에도 책 읽는 문화를 확산하기 위한 지역사회의 노력은 끊임없이 이어졌다.

'한 아이를 키우려면 온 마을이 필요하다'라는 아프리카 속담이 있다. 아이들의 행복한 성장을 위해서는 한 가정이 아닌, 온 마을 전체의 노력이 필요하다는 뜻이다. 이런 차원에서 중랑구는 책과 사람의 가교역할을 하는 사서의 기획안을 기반으로 프로젝트를 시작했다. 아이들의 눈높이에 맞추어 소통했고, 행정기관의 적극적인 지원과 관심을 끌어내고, 관계기관과의 인프라를 구축하는 등 지역사회가 한마음으로 책 읽는 환경을 조성해 나갔다. 이런 노력 끝에 우리는 온 마을이 함께 책 읽는 문화의 틀을 만들었고, 그 안에서 아이들은 매일 하루에 한 걸씩 '독서 습관'을 실천하고 있다.

국어사전에서는 '습관'을 '어떤 행위를 오랫동안 되풀이하는 과정에서 저절로 익혀진 행동 방식'이라고 정의한다. 아이들은 공공도서관을 찾는 행위를 통해, 책을 읽고 친구들과 토론하며 생각을 정리하고 기록하는 등의 다양한 독서 습관을 유지하고 있다. 독서 여권에 매일 도장을 찍고 읽은 책 목록을 기록장에 기록하면서, 하루

하루 성장하는 책 나이테를 확인하며 책 읽는 즐거움에 빠져든다. 한편, 가정에서 독서 습관을 생활화하는 부분도 중요하므로, 독서 교육을 통해 공동 육아를 할 수 있도록 부모 대상의 커뮤니티도 만들었다.

  매일 독서를 꾸준히 실천한 아이들은 천 권에 도달하고 나면 다시 한번 재도전하여 꾸준한 독서 습관을 유지하려고 애를 쓴다. 많은 아이의 재도전으로 '취학 전 천 권 읽기'는 이제 초등 대상으로 확대돼 다양한 기획 프로그램을 통해 생애별 독서 운동으로까지 전개되고 있다.

  이 책을 계기로 전국의 지역사회와 공공도서관이 동행하며 아이들의 성장을 위한 발판이 되었으면 좋겠다. 또한, 이 책의 독자가 주변의 공공도서관을 아이와 함께 방문했으면 좋겠다. 도서관은 책만 빌리고 잠시 머물다 스쳐가는 공간이 아니라 책을 통해 사람과 사람의 관계를 만들고, 책과 사람을 통해 새로운 세상을 경험할 수 있는 공간이다. 그 안에서 아이들은 책을 통해 마음껏 꿈을 그리며, 미래를 설계할 수 있는 무한한 세상을 만날 것이다.

  아이들이 자유롭게 책을 읽으며 미래를 설계할 수 있도록 책 읽는 환경과 인프라 구축 등에 행정적 지원을 아끼지 않은 류경기 구청장님, 중랑문화재단 유경애 대표이사님, 독서 환경 조성을 위해 함께해주신 중랑구 교육 기관장들, 마을 공동체, 그림책 정원 독서 동아리 그리고 천 권 읽기 사업 활성화에 단초를 주신 박영섭 이사장님을 비롯한 천 권 읽기 TF팀 신윤섭, 강송이, 변혜인, 윤소정 사서 선생님께 감사 인사를 드린다. 무엇보다 이 사업에 가장 중요한 역할을 해주신 학부모님과 우리 아이들 덕분에 이 책을 발간할 수 있었다.

  무궁무진, 상상으로 가득한 책 세상을 통해 아이와 부모, 도서관과 지역사회 모두가 선물과 같은 작은 변화를 꿈꾸었으면 좋겠다.

차례

여는말 _이지유(중랑숲어린이도서관장)   004

1부 도서관에서 키우는 우리 아이

1장 말도 많고 탈도 많은 취학 전 천 권 읽기 프로젝트 _이지유

- 취학 전 천 권 읽기, 이렇게 시작되다   016
- 취학 전 천 권 읽기의 변신   018
- 코로나가 가져온 의외의 수확, 가족 독서의 성장   025
- 책읽기 열풍이 불어오다   028
- 포스트 천 권도 만들어주세요!   031

2장 왜 천 권이어야 하나요? _여현경

- 천 권을 둘러싼 오해들   036
- 도장은 거들 뿐!   041
- 평생 독자로 가는 독서 근육 기르기   049

취학 전 천 권 읽기 후기(아이들편)   059

3장 다 기록하지 않아도 괜찮아 _이신영

- 나만의 독서기록장 만들고 써보기   064
- 어떤 책을 골라서 어떻게 읽을까   069

외부 기고 1: 한 마을 독서문화가 마을의 아이를 키운다   085

2부 도서관과 함께 자라는 사람들

1장 책 캐리어를 끄는 사람들: 부모편 _여현경

- 캐리어를 끄는 부모들   091
- 천 권으로 가는 테마 독서법   097
- 사서가 알려주는 도서관에서 책 육아 500% 누리기   120

취학 전 천 권 읽기 후기(부모편)   129

2장 사서도 그림책은 처음입니다만: 사서편 _이신영

- 천 권 추천도서 목록 제작기   141
- 추천도서, 정말 꼭 필요해?   147
- 어린이는 모두 다 다르다   149

3장 도서관도 시민의 애정으로 자란다: 도서관편 _이지유

- 시민이 지켜준 도서관   157
- 시민과 함께 성장하는 도서관   161
- 취학 전 천 권 읽기도 자란다   165

   외부 기고 2: 오직 책만이 할 수 있는 것   172
   외부 기고 3: 천 권 읽기의 마법   174

3부 천 권 읽기! 이런 책 어때?

1장 취학 전 천 권 읽기 《그림책 놀이터》_여현경

- 취학 전 천 권 읽기 《그림책 놀이터》를 소개합니다 179
- 《그림책 놀이터》 테마별 추천도서 목록 맛보기 182

2장 초등도 놓칠 수 없어!
초등 천 권 읽기 《하루독서 내비게이션》_이신영

- 초등 천 권 읽기 《하루독서 내비게이션》을 소개합니다 212
- 초등 천 권 읽기 《하루독서 내비게이션》 주제별 추천도서 목록 맛보기 215

추천사 _류경기(중랑구청장) 230
닫는말 _여현경, 이신영(중랑숲어린이도서관 사서) 232

1부

도서관에서 키우는 우리 아이

1장

말도 많고 탈도 많은
취학 전 천 권 읽기 프로젝트

"네? 취학 전, 천 권이라구요?"

천 권 사업의 브랜드 네임을 들은 이들은 대부분 황당하다는 반응이다. '7세 이전에 천 권이나 읽는 게 가능한가?'라는 물음에서부터 '슬로 리딩이 트렌드인 시대에 다독을 강조하는 문구라니, 한참이나 뒤떨어진 게 아닌가?' 하는 물음까지, 숫자를 전면에 내세운 우리 사업은 초기부터 많은 질타에 직면했다. 하지만 천 권이라는 슬로건의 이면에는 '매일 매일 꾸준히'라는 괄호가 숨어 있었고, 지금 풀어놓을 이야기는 천 권 사업팀이 그 '괄호'를 어떻게 발굴해냈는지에 대한 모험담이다.

취학 전 천 권 읽기, 이렇게 시작되다

2017년 겨울, 중랑구 대표도서관에서 근무하고 있는 후배 사서에게서 전화가 왔다.

"호주에서 하는 '천 권 읽기'라고 알아요?"

중랑구 도서관 전前대표관장이 새 사업의 기획 아이디어로 제안했다는 얘기였다. 천 권 읽기는 호주의 한 공공도서관에서 도서관 활성화와 함께 독서를 장려하기 위해 만든 어린이 프로그램이다.

2018년 봄, 천 권 읽기 사업은 중랑구립정보도서관에서 그렇게 탄생했지만 이후 2년여가 지나도록 지지부진하게, 참여도와 실적이 미비한 상황이 계속됐다. 어린이자료실을 운영하며 북스타트 사업도 진행하던 후배는 기획력 좋고 아이디어도 많은 친구였지만, 천 권 읽기 사업까지 도맡게 되면서 점점 지쳐갔다. 이후 직무는 다른 사서에게 넘어갔고, 그렇게 프로젝트는 2년간 3명의 담당 사서를 거쳤다. 중랑구 미취학 아동 7,500여 명 중 8%인 600여 명만 참여하는 데 그치고 말아서, 사서들뿐만 아니라 도서관 수탁기관장과 구청장까지 모두 안타까워했다.

"앞으로 어린이 사업인 천 권 읽기를 중랑숲어린이도서관에서 주관해주세요. 그리고 본 사업이 활성화될 수 있도록 개편 기획안을 가져와 보고해주길 바랍니다."

중랑구 도서관 수탁기관인 시설관리공단 박영섭 이사장의 전화였다. 책을 사랑하고 도서관에 관심이 많은 분, 행정 공무원을 오래 하셨지만 따뜻한 모습으로 직원을 대하는 분이다. 그런 이사장의 전화 목소리에서는 온화함 속에 냉철한 어조가 느껴졌다. 그 말씀에 어떻게든 사업을 성공시켜야 한다는 의무감이 생겼다.

대학원 공부를 병행하던 터라 버거운 숙제였지만, 2년여 동안을 지켜보며 만약 내가 주관한다면 어떤 방법이 좋을지 머릿속으로 수없이 개선방안을 시뮬레이션해본 사업이었다. 이제 머릿속 그림을 현실로 옮겨야 할 시점이 온 것이다.

통화 후 바로 기획서를 작성하였다. 그동안 고민해온 부분이던 터라 오래 걸리지 않았다. 그다음 날 제출한 기획제안서의 내용은 이러했다.

중랑구 대표사업을 1개 단위도서관에서 운영하기엔 어려움이 많을 수밖에 없다. 사서 한 명이 7,500여 명의 아동을 책임진다는 것부터가 버거운데, 다른 직무를 병행하며 사업을 진행한다는 건 슈퍼맨이라도 불가능하다. 당장 사서 인력을 충원할 수 없으니 천 권 읽기 프로젝트팀을 구성하되, 팀원으로는 중랑구 전 공공도서관 어린이자료실에 근무하고 있는 사서를 배정해달라. 행정 절차나 관내 유아교육 기관과의 인프라 구축 또한 한계가 있으니 이 부분은 시설관리공단과 구청이 함께해야 한다. 마지막으로 이 사업은 중랑구 공공도서관뿐만 아니라 중랑구 내 공립 작은도서관도 공동 운영하며, 예산도 지금보다 2배 이상이 필요하다.

이사장은 이 당돌한 기획서를 매의 눈으로 훑어보고는 흔쾌히 수락했다. 대신, 대표사업으로서 확실히 자리매김해야 한다는 단서가 붙었다.

무슨 자신감이었는지…… 사서의 전문성을 보이겠다며, 반드시 성공시키겠노라며 당돌하게 대답하고 방을 나왔다. 또 미친 짓을 시작하고 말았다…….

우리 사서 선생님들에게는 어떻게 이야기해야 하나. 분명 사고를 치고 왔다며 잔소리가 늘어질 게 뻔하다.

취학 전 천 권 읽기의 변신

중랑숲어린이도서관으로 돌아와 행사 담당자 여현경 선생을 불렀다. 오늘 보고한 사항과 앞으로의 프로젝트에 관한 내용을 브리핑하자, 예상대로 사고를 치고 왔다며 잔소리가 늘어졌고 얼굴에는 걱정이 가득했다.

며칠 뒤, 우리는 중랑숲어린이도서관에 각자 노트북을 가지고 모였다. 그동안 혼자 전전긍긍 이끌어왔던 중랑구립정보도서관 어린이자료실 담당자 신윤섭 사서의 브리핑을 시작으로 회의는 시작됐다. 그간의 고충과 주민원, 미추진된 사항 등을 펼쳐놓고 하나씩 문제점을 찾고 개선방안도 서 웠다. 도서관 회원만 참여할 수 있고 도서관 책에만 허용될 사업, 단화책은 안 되고 같은 책을 다시 읽는 것도 안 되는……, 의외로 안 되는 게 꽤 많았다. 내가 주민이라도 번거롭고 까다로워서 참여하고 싶지 않을 것 같았다.

우리는 중랑구민이라면 어떠한 책이라도, 같은 책을 여러 번 읽어도 참여할 수 있도록 제도를 개선했다. 또한 구립도서관에서간 참여할 수 있는 부분도 작은도서관까지로 확대 운영하여 주민들이 어디서나 참여할 수 있는 창구를 마련하였다. 그리고 구청, 도서관, 유관기관, 교육기관과의 천 권 사업 인프라를 구축하고 운영체계를 전면 개편하기로 하였다.

천 권 사업의 인프라를 구축하고 난 후, 첫 번째 논의사항은 사업명을 어떻게 정할 것인가였다.

자칫하면 천 권이 다독을 강조하는 사업으로 비춰질 수 있다는 것이 안건의 주제였다. TF팀에서는 사업명에 대한 의견이 갈라졌다. 아이들의 시선에 맞춰 구성된 사업명을 수정하면서까지 개편할 필요성이 있느냐는 의견과 잘못하면 사업의 취지가 다른 방향으로 해석될 우려가 있다는 의견이다. 의견 대립은 한 치의 양보 없이 팽팽했다. 나 또한 사업명에 개선책이 필요하다고 생각했지만, 전자의 의견에도 동의하는 부분이 컸다. 여러 가지 방안과 차선의 사

1부 도서관에서 키우는 우리 아이

업명도 논의했지만, 기존의 것을 대체할 만한 임팩트 있는 방안은 나오지 않았다. 우리는 다시 한번 아이들의 시선에서 생각하기로 했다.

아이들은 1,000이라는 숫자의 개념을 알고 있을까?

천 권이라는 수치에 대한 범위는 아이들에게는 아무 의미가 없다. 하루에 한 권 매일 독서한다는 의미와 꾸준함만 인식할 뿐, 그리고 꾸준함이 이어질 때 1,000이라는 숫자가 완성되는 것으로 인지하게 될 것이다. 우리 사업은 '천 권'이라는 수치로 강조되는 '다독'이 목표가 아니라, '하루에 한 권 책을 읽는 독서습관'을 우선시하는 사업임을 확인한 것이다.

여러 번의 회의를 거쳐 이사장과 재논의하였고, 결국 사업의 내실을 구성하는 부분에 집중하기로 했다.

다시 고민이 시작되었다. 아이들의 시선에 맞출 방안은 무엇일까?

"책으로 여행하는 컨셉은 어떤가요?"

신윤섭 사서의 의견이다. 아이에게 또 다른 동기부여를 주고 싶다는 바람, 단조롭게 책을 읽는 것이 아닌, 책으로 다양한 경험을 하면서 아이들이 성장하는 모습을 보여주자는 의견이다. 천 권 TF팀은 모두 그의 의견에 동의하였고, 세부적인 구성요소에 대한 의논을 시작하였다.

책으로 여행? 어떤 방식으로?

"여권으로 만들면 좋을 것 같아요."
"여권을 여러 권 나눠서 만드는 건 어떨까요?"
"아이들에게는 100만 넘어가면 그냥 큰 숫자잖아요. 1,000이라는 숫자에 의미를 부여하는 것보다 함께 성장한다는 의미를 붙여보면 좋을 것 같아요."
"그럼 1,000권을 5단계로 나눠볼까요?"
"함께 성장하는 의미를 추가로 부여해주면서?"
"땅에 씨앗을 심으면 떡잎이 생기고, 그리고 새싹이 나오며 꽃이 피면서 열매를 맺는다?"
"100권까지는 씨앗, 300권까지는 떡잎, 500권은 새싹, 700권은 꽃, 1,000권은 열매?"
"여권 이름도 독서 여권으로 지어서 100권 읽고, 스스로 도장을 찍고, 완성하면 다시 도서관에서 다음 여권으로 넘어가고?"
"무엇보다 사업에 필요한 EI가 필요해. 캐릭터도 함께 있으면 좋고, 오늘은 BI와 캐릭터에 대해 의논해보죠."
"마을 안에서 아이가 책을 읽고 행복해하는 모습?"
조용히 생각에 몰두하고 있던 윤소정 사서가 의견을 제시하였다.

"천천히 그리고 부지런히 간다는 의미로 거북이를 캐릭터로 하는 건 어때요?"

여현경 사서는 거북이 캐릭터를 제안하며, 혼자서 열심히 거북이를 그려본다.

"그럼 천 권 다 읽으면 거북이에 학사모 그려서 넣는 건 어때요?"

"그런데요…… 다른 도서관에서 거북이로 캐릭터를 만들었어요……ㅠㅠ"

"거북이 탈락!"

"거북이 말고 뭐 없나?"

"까치는 어때?"

"갑자기 까치?"

"중랑구 구새가 까치잖아. 중랑구를 표현해야지. 중랑구 사업이니깐."

"까치라…….''

"……가치 있게? 같이 읽자?"

"까치와 같이 가치 있게 책 읽자?"

"그럼 까치 이름을 가치로?"

이런 식의 토의를 거쳐 천 권 TF팀은 사업에 필요한 BI, 슬로건, 캐릭터도 제작하되, 아이들이 더 친숙하게 참여할 수 있도록 디자인에도 신경을 썼다. 그리고 마침내 BI와 캐릭터, 독서 여권과 기록장, 배지를 완성하였다. 그다음으론 사업을 표현하는 디자인을 완

▲ 취학 전 천권 읽기 단계별 독서 여권과 배지

성하고, 책 읽는 문화를 활성화하기 위한 내부적인 프로그램 개발도 함께 기획하였다.

그리고 마침내 완성된 기획서는 구청장의 수락과 함께 적극적 지원도 약속받았다. 또한, TF팀에서 완성하지 못한 천 권 사업에 필요한 슬로건도 지어주었다.

취학 전 천 권 읽기의 마스코트 '가치' 이야기

취학 전 천 권 읽기에는 마스코트가 있다. 바로 까치가 모델인 '가치'이다. 까치라서 가치이기도 하지만 처음 이 뚱뚱한 새에게 이름을 붙일 때 '가족들이 같이 읽는 것에 대한 가치'를 말하고 싶었던 속내도 있다.

◀ 취학 전 천 권 읽기 슬로건

그렇게 적극적인 지원과 슬로건 선물을 시작으로, 이사장을 포함한 천 권 프로젝트팀이 한 달여간 공을 들여 만든 열정적인 기획안은 이제 출발을 앞두고 있었다.

▲ 취학 전 천 권 읽기 BI와 캐릭터들

코로나가 가져온 의외의 수확, 가족 독서의 성장

2020년 1월, 개편안을 바탕으로 본격적으로 사업을 시작할 즈음 우리는 생각지도 못한 장벽에 부딪혔다.

"중국에서 발생된 코로나 감염병 전세계 확산!!"
"전 공공도서관 휴관!"

천 권 읽기 사업은 코로나 감염병, 그리고 공공도서관 휴관과 함께 시작되었다……. 비상사태다. 감염병으로 전 세계가 모두 멈춰

버리다니, 막막해졌다.

도서관 휴관과 함께 90% 이상의 직원들은 휴업에 들어갔고, 남아 있는 직원과 관장은 인력이 부족한 주민센터로 지원을 나가게 되었다.

한 달여간의 휴업과 휴관이 이어지면서, 이사장은 도서관 관장들을 소집하여 긴급회의를 열었다.

"막연히 도서관을 휴관할 수 없습니다. 현 상황에서 우리가 할 수 있는 방안을 모색합시다."

언제 끝날지 모르는지 상황을 주시하고 대응할 방안을 강구한 끝에 우리는 회의에서 나온 '비대면 서비스'를 시작했다.

비대면 서비스는 주민과 직원이 대면하지 않고 서비스를 제공하는 것이다. 도서관으로서는 운영하는 모든 서비스를 비대면으로 전환할 수 없었지만, 우선 집 밖으로 나가지 못하는 주민들에게 책 읽을 기회를 제공하는 것부터 시작하기로 했다. 우린 곧바로 홈페이지에 홍보물을 게재하고, 비대면 도서 예약 대출서비스를 시행하였다.

그러자 주민들은 기다렸다는 듯 신청하였고, 반응은 매우 좋았다. 타 자치구 도서관들 역시 경쟁하듯이 주민들에게 다양한 방법으로 도서를 제공했다. 드라이브 스루, 택배 대출, 사물함 대출 등을 적용하여 운영했다.

그렇게 감염병이 확산한 환경에서 지역주민에게 도서를 제공하기 위해 전 공공도서관 사서들은 분주해졌다. 조금은 힘들고 불편하지만, 모두의 안전을 위해 감수해야 하는 일이었다.

비대면 서비스 시행과 함께 개편한 '취학 전 천 권 읽기 사업'도 시작을 알렸다. 감염병은 누구도 예측하지 못한 상황이지만, 우리의 독서 운동은 꾸준하게 진행되었다. 천 권 TF 직원들은 비대면 서비스를 준비하면서도 하루에 한 권씩 도서관 홈페이지와 SNS를 통해 그림책을 소개했다. 아이들과 함께 매일 독서하자는 취지였다. 그리고 이 사업은 어떠한 환경에도 구애받지 않는, 시간적·공간적 제약 없이 독서 환경을 조성해야 한다는 중요성도 함께 알렸다.

개편한 사업을 시작할 즈음에는 세상을 바꿀 것처럼 가슴이 벅차올랐으나, 당장은 모든 걸 내려놓고 기다리는 수밖에 없었다.

그런데, 코로나가 우리의 장벽은 아니었나 보다.

천 권 읽기는 코로나19로 꼼짝도 못 하는 아이들에게 더없이 좋은 친구가 되었다. 아이의 독서 환경을 만들어주기 위해 부모는 비대면 서비스를 통해 책을 대출하고 아이와 함께 책을 읽기 시작하였다. 그리고 아이의 독서를 통해 가족 모두가 책을 읽는 습관과 환경으로 변화하였다. 이러한 변화가 시작되면서, 우리 사업은 개편되기 전 2년간의 참여율보다 200% 증가하였다. 그것도 단 한 달 만에!

반응도 매우 긍정적이었다. 아이들에게 동기부여와 성취감을 주는 독서 여권과 기록장, 그리고 시공간의 제약 없이 어떤 책이든 자유롭게 매일 한 권을 꾸준히 읽을 수 있다는 취지가 아이와 부모들에게 통했던 것이다. 고심 끝에 제작한 BI와 캐릭터도 반응이 좋았다. 가치와 친구가 되고 싶어 하는 아이들은 가치와 함께 꾸준하게 책을 읽기 시작하였고, 비대면 도서예약 대출과 함께 천 권의 신청도 활발해졌다.

우리는 주민들의 긍정적인 반응에 힘을 얻어 구청과 함께 어린이집과 유치원에도 공문을 보냈다. 당장 신청이 들어올 것이라는 기대는 잠시 내려놓고 부지런히 움직였다.

책읽기 열풍이 불어오다

2020년 1월, 코로나와 함께 시작한 우리 사업의 열기는 더욱 뜨거워졌다.

구청과 다섯 개의 구립도서관, 열여덟 개의 공립 작은도서관이 공동으로 운영하기 시작하고, 관내 위치한 어린이집과 유치원 기관들이 참여하면서 인프라는 더욱 확대되었다. 중랑구에서 천 권 인프라를 구축한 이후, 2018년 사업의 시작과 개편 이전까지 참여한 600명의 인원보다 327.5%가 증가한 1,965명이 참여했다. 이러한 참여율은 점차 증가하고 있으며, 2022년 현재까지 중랑구에 거주하는 아이들 중 8,275명이 천 권 읽기와 함께했다.

어느새 사방에서 연락이 쇄도하기 시작했다. 구청장과의 인터뷰와 주민들의 반응이 알고 싶다는 언론사, 타 지역 공공도서관에서는 벤치마킹 요청이 쇄도했다. 코로나로 거리두기를 하는 현실과는 무관하게 적극적으로 중랑구를 방문했고, 천 권 읽기 사업을 궁금해하였다. 또한 한 지역의 유치원에서는 독서 문구 키트를 구입하고 싶다며 판매를 요청하기도 했다.

밤낮으로 열심히 기획하며 개편사업을 준비하느라 고생한 직원들에게 이보다 좋은 선물이 있을까! 벤치마킹한 일부 공공도서관에서 천 권 읽기 사업을 시작했다는 소식에 우리는 멀리서 그들을 응원하였다.

천 권 읽기 사업으로 중랑구 도서관에는 많은 변화가 생겼다. 아이들은 스스로 책을 읽기 시작했고, 도서관을 방문해 사서 직원에게도 질문을 쏟아냈다.

"선생님, 저 천 권 읽기 하고 있어요. 오늘은 알사탕 그림책을 아빠와 함께 읽고 싶어요."

"선생님, 얼마 전에 도서관에서 과학책을 읽었어요. 그 책을 또 읽고 싶은데, 분명 저쪽에 있는 세 번째 책장에서 책을 봤는데요. 오늘은 그 책이 어딨는지 모르겠어요. 전에 읽었던 책처럼 제가 읽을 수 있는 과학책이 또 있을까요?"

이전에는 부모들이 아이에게 어떤 책을 읽혀야 할지 고민스럽다며 질문하는 경우가 많았는데, 사업을 시작한 후부터는 아이들이 직접 찾아온다. 한 글자 한 글자 또박또박 말하는 아이들은 자기에게 필요한 책이 있다며 사서들을 바삐 움직이게 한다. 아이들의 행동뿐만 아니라 도서관 풍경도 달라졌다. 아이는 아이대로, 부모는 부모대로 각자 읽고 싶은 책을 읽었다면, 지금은 엄마 또는 아빠와 함께 책을 읽고 이야기하는 모습이 늘었다. 그리고 더 읽고 싶다고 집에 가지 않겠다는 아이도 많아졌다.

도서관을 자주 찾는 강준이 어머니는 아이들의 아침 풍경이 달라졌다고 했다. 눈만 뜨면 TV나 핸드폰을 찾던 아이가 스스로 책을 읽는다고.

조금씩 변화되는 모습을 직접 체험하면서 아이들에게 더 필요한 것이 없는지 세밀하게 살펴보게 된다. 천 권 TF팀은 가족 독서로 확대되는 환경의 변화에 필요한 부분을 살피고, 가장 중요한 부분인 부모교육을 어떻게 확대해야 할지를 고민하기 시작했다. 부모들 대부분이 어떤 책을 읽어야 할지 몰라 보통은 서점에서 가장 많이 판매되는 도서, 유명 작가의 도서, 방문판매 도서를 먼저 선정하게 된다. 이때 내 아이의 독서 수준과 아이가 흥미로워하는 주제는 도외시되곤 한다. 무작정 아이에게 읽으라고만 했지, 어떠한 방법으로 소통하며 책을 읽어야 하는지는 잘 모른다.

우리는 아이가 흥미로워하는 주제를 선정하고, 타 기관에서 선정한 도서 외에 도서관 현장에서의 경험을 토대로 도서를 골랐다. 도서관 사서 외에도 초등학교 도서관 사서, 취학 아동 자녀를 둔 학부모, 어린이집, 유치원 선생님들과 함께했다.

또한, 아이들이 책을 읽고 오감으로 활동하며 표현하는 방법을 알려주는 '만지작 꼼지락 프로그램'과 함께 부모교육을 진행했다. 이를 통해 내 아이의 독서 수준을 알아보는 법, 다양한 교육법을 알려주고 자신만의 독서 교육법을 공유한다. 그러자 자연스럽게 부모들의 커뮤니티가 형성되고 공유할 수 있는 하나의 채널이 만들어졌다.

포스트 천 권도 만들어주세요!

2020년 5월, 취학 전 천 권 읽기와 연계하여 아이들의 축제를 개최하였다. 코로나 격상 단계 때문에 원래 기획대로 큰 규모의 축제를 열 수는 없었지만, 아이들이 즐겁게 즐길 수 있는 쪽으로 기획했다. 축제 동안 하루에 한 권씩 매일 독서하는 아이들을 격려하며 추억에 남을 시상식을 열어주었다. 천 권의 캐릭터 가치가 그려진 트로피와 인증서, 그리고 앞으로도 지속적인 매일 독서를 꿈꾸길 바라는 마음으로 독서기록장도 선물했다. 이 중 아이들이 가장 좋아하는 것이 명예의 전당이다.

▲ 천 권 읽기에 참여한 아이들을 위한 시상식

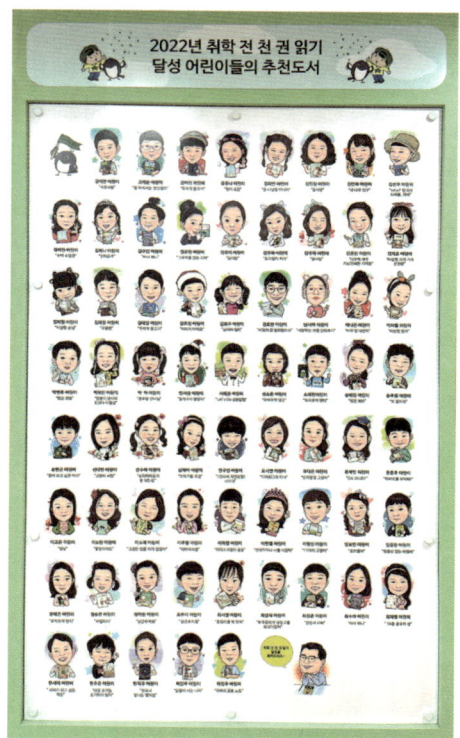

◀ 아이들의 캐리커처와 추천도서를 소개하는 명예의 전당

명예의 전당은 매일 독서에 성공한 아이들의 얼굴을 캐리커처로 표현하여 친구에게 추천하고 싶은 도서를 소개해주는 코너다. 아이들은 저마다 익살스러운 표정으로 자신만의 인생 책을 소개한다. 우리는 이러한 코너를 '명예의 전당'이라고 이름 붙여주고, 책을 읽지 않는 아이들에게 동기부여를 주기 위해 전시했다. 사서보다는 또래 친구들이 소개한 책이 더 신선하고 흥미로웠는지, 도서관에 오는 아이들마다 명예의 전당에 있는 책을 찾아달라며 엄마를 부추기고 사서들을 괴롭힌다. 명예의 전당이 생긴 뒤론, 아이들은 저마다 책을 읽겠다는 다짐과 함께 매일 도서관에 발걸음을 옮기고 있다.

어린이 천 권 축제가 마무리 될 즈음, 매일 독서에 성공한 윤서가 구청장의 옷깃을 잡고 큰소리로 외친다.

"앞으로도 중랑구 취학 전 천 권 읽기 잘 부탁드려요!!"

아이들의 마음을 전달받은 구청장은 학부모와의 토론회를 열었다. 도서관 행사에 구청장이 참여하는 건 매우 이례적인데, 이번에는 천 권에 참여한 아이들의 학부모들과 열린 토론을 진행하고 싶다는 요청으로 토론회가 열린 것이다. 그리하여 시작된 토론회는 책 읽는 문화가 가장 중요하다는 이야기를 시작으로 그동안 천 권을 기획하면서 중점을 두었던 부분, 앞으로 구청에서 지원할 부분 등의 약속과 다짐이 이어졌다. 엄마들만 참석할 줄 알았던 토론회에는 아빠들의 참여율도 높았다. 아빠들의 참석을 보면서 가족 독서의 위력을 다시 한번 체감할 수 있었다.

그렇게 훈훈한 분위기에서 한 엄마가 손을 들고 먼저 발언을 시작했다. 개편 전부터 프로젝트에 참여한 학부모다. 이전 사업 방식에서는 불만이 많았으나 개편되고 나선 자유롭게 책을 읽을 수 있어 좋았고, 책 선정에 제한이 사라져 아이가 원하는 대로 읽을 수 있어 행복했다는 의견이었다.

연이어 엄마, 아빠들은 손을 들고 자유롭게 의견을 내놓았다. 천 권을 통해 작은도서관을 알게 되었는데, 작은도서관에 책이 부족하니 활성화해달라는 요청, 코로나로 어려운 상황이지만 도서관에서 비대면 서비스를 통해서 책을 읽을 수 있어 좋았다는 얘기, 프로그램도 비대면으로 전환해서 운영했으면 좋겠다는 제안, 기록장이 아이들이 작성하기에 너무 작으니 기록장 크기를 개선해달라는 의견 등이다. 또한 천 권 읽기 프로젝트와 연계된 부모 교육 프로그램, 책놀이 프로그램 등의 참여소감, 앞으로의 개선 방안과 확대 요청도 이어졌다.

거기에 덧붙여 도서관을 더 지어달라는 의견도 있었다. 구청장은 향후 도서관 건립에 대한 답변과 함께 지금까지의 의견을 토대로 사업을 개선하고 확대하기 위해 예산을 더욱 지원하겠다고 답변했다.

학부모들과 구청장의 토론은 더 깊어졌다.

"구청장님, 덕분에 우리 아이가 책 읽는 아이로 성장할 수 있었어요. 3년간 사업에 참여하면서 아이도, 우리 부모도 함께 성장할 수 있는 시간이었고, 집안 분위기에도 많은 변화가 생겼습니다. 감사합니다. 그런데 취학 전 천 권 읽기를 끝내고 나니, 취학 후가 걱정이에요. 코로나도 포스트 코로나를 준비하고 있듯이, 취학 아동을 위한 '포스트 천 권'도 만들어 주세요!"

"저도 동의합니다. 취학 아동을 위한 천 권이 필요해요."

"천 권에 참여한 아이 중 초등학생이 많아졌어요. 취학 아동을 위한 독서 운동이 필요합니다!"

"초등학생, 청소년까지 확대한다면 더욱더 좋을 것 같아요."

여기저기에서 동의한다는 의견이 쏟아졌다.

"포스트 코로나도 준비하고 있는 만큼, 아이들의 지속적인 독서 교육을 위해서는 제안하신 포스트 천 권 또한 필요하다고 생각합니다. 적극적으로 검토해서 확대하도록 하겠습니다."

학부모 의견에 대한 구청장의 답변을 끝으로 토론은 훈훈하게 마무리되었다.

토론과 축제가 끝나면 후 한숨 돌릴 줄 알았는데, 포스트 천 권이 우리를 기다리고 있었다.

2장

왜 천 권이어야 하나요?

천 권을 둘러싼 오해들

"선생님, 예약도서는 다른 사람이 빌려간 책을 제가 다음 순서로 볼 수 있다는 거죠?"

"선생님, 제가 마법천자문 새로 나온 책을 찾고 있는데 혹시 도서관에 그 책이 들어왔을까요?"

"방정환 선생님 책을 읽으면 마음이 뭉클해요."

주어, 동사, 목적어, 목적과 의도가 명확한 완벽한 이 문장은 도서관의 단골 이용자 중 한 명인 은빈이(당시 만4세)의 말이다. 은빈이는 취학 전 천 권 읽기 도전도 완수한 아이인데, 도서관에서 처음 일하기 시작한 젊은 사서들은 모두 은빈의 질문을 한 번 받으면, 이 아이에게 푹 빠지게 된다. 어린아이가 또박또박 자기 생각을 전달하는 놀라움은 사서에게는 도서관에서 일하는 뿌듯함, 독서의 중요성을 확인시켜주는 즐거움이다.

은빈이처럼 놀라운 문해력과 어휘력, 문장력을 구사할 수 있는 비법은 바로 '책'이다. 취학 전 5~7세 아이들에게 영어 조기 교육을 하는 이유도 발달 과정상 언어 능력 습득에 중요한 시기이기 때문인데, 바로 이 시기에 다독이 가져오는 장점이 극대화된다. 다독은 인지, 독해, 속독, 동기유발, 말하기, 글쓰기 능력 등 모든 언어 능력에서 상당한 도움을 준다. 어린 은빈이가 '뭉클'이라는 단어를 쓴 것처럼 다독을 통한 어휘 습득의 효과는 이미 많은 연구가 증명한 바 있다. 이는 어휘가 학습자에게 반복적으로 노출되는 것과 깊은 관계가 있는데, 언어를 암기해서 직독 직해하는 것과는 달리, 단어를 맥락에서 유추하고 사용할 줄 안다는 것이다.

요즘 인터넷에서는 젊은 세대의 문해력에 대한 상당한 우려가 제시되고 있다. 예를 들어 이러한 상황이다.

"선생님, 직원이 그 근방에 방문할 일이 있으니, '인편'으로 서류를 보내겠습니다."

"인편……? 인편이 무슨 배송 방법인가요?"

한자 교육의 부재 때문에 생긴 일일 수도 있지만, 결국은 어휘력과 맥락 파악의 문제다. 그리고 더는 지역사회와 도서관들이 지켜보기만 할 수 없는 이유이기도 하다. 우리 도서관에서 '취학 전 천 권 읽기' 프로그램을 개시하게 된 배경 또한 독서에 대한 중요성의 강조와 문해력에 대한 우려 때문이다.

"천 권을 어떻게 읽어요?"
"아동학대 아니에요?"
"애들이 질려서 책이랑 멀어질 듯."

취학 전 천 권 읽기를 2년여간 담당하면서 도서관 안팎으로 들어온 우려와 비판의 소리다. 대한민국의 교육은 언제나 '숫자'를 맹신하지만, '숫자'를 가장 터부시 여기는 분야이기도 하다.
'취학 전 천 권 읽기'라는 타이틀은 교육 현장, 특히 독서 분야에서 우리가 가장 터부시하는 숫자를 '두 가지'나 내포하고 있다. 바로 취학 전(5~7세)이라는 나이 제한과 '1,000권'이라는 양적 목표. 이 때문에 천 권에 집중되는 우려의 시선은 상당하다. 아마도 이 책을 집어 든 독자 중 열의 여섯쯤은 그 우려와 찜찜함 때문은 아니었을까?
왜 '천 권'이었고 여전히 '천 권'일 수밖에 없었을까?

취학 전 우리 아이에게 잠자기 전 1권의 책을 읽어준다면, 1년에

365권, 2년에 700권, 3년이면 1,000권을 읽게 됩니다.

'취학 전 천 권 읽기'를 소개하는 문구의 일부다. 결국 취학 전 아이에게 매일 글씨가 있든 없든, 적든 많든, 얇은 그림책 한 권을 만지고 느낄 수 있는 시간과 기회를 주자는 것이다.

책에 대한 재미와 흥미, 이해가 없는 아이에게 갑자기 슬로 리딩이나 정독의 중요성을 설파하면서 책을 읽으라고 하는 것은 무리다. 마치 책과는 평생 거리를 두고 살아온 성인에게 지금 당장 마이클 샌델의《정의란 무엇인가》를 읽고 심도 있게 토론해보자는 것과 같은 말이다.

취학 전 천 권 읽기는 바로 이런 사태를 방지하기 위한 도서관의 징검다리 독서교육인 셈이다. 나중에는 기억도 가물가물해질, 유아기 시절 부모님 손을 잡고 도서관에 와서 숱하게 책을 '만지고 놀았던' 기억과 추억을 아이에게 심어주자는 것이다. 읽는 행위는 결국 연습이고, 독서 경험은 이유 불문 무조건 중요하다. 아이가 성장하는 과정에서 책과 도서관이 절대로 유리되지 않는 것. 이것이 바로 취학 전 천 권 읽기가 지향하는 가장 중요한 목표다.

두 번째로 왜 천 권인지에 대한 대답은 바로 '취학 전'에 있다. '취학 전'과 '천 권'이라는, 숫자의 의미를 내포한 두 단어가 합쳐졌을 때 나타날 소기의 목적과 결과는 어쩌면 취학 전 천 권 읽기의 핵심일 수 있다. 도서관에는 놀라우리만치 이 결과를 보여주는 아이들이 많다. 부모님 손을 잡고 매일 매일 도서관에 출석도장을 찍는 유아들의 도서관 행보는 그냥 도서관을 놀이터 삼아 웃고 떠들고 노는 행위에 그치지 않는다.

마지막으로, 천 권 읽기가 지향하는 가장 중요한 가치는 바로 '가족'이다. 취학 전 천 권 읽기는 긍정적인 면에서 세헤라자데의 《천일야화》가 아닐까. 《아라비안나이트》라고도 불리는 이 설화집은 잔혹한 왕에 대항한 세헤라자데가 천 일 동안 재미있는 이야기를 들려주며 목숨도 구하고 왕과 사랑에 빠지는 내용이다. '이야기'의 즐거움과 이야기로 인한 긍정적인 변화를 보여주는 대표적인 사례다.

'취학 전 천 권 읽기'에 참여한 많은 가정이 이구동성으로 말하는 것 중 하나가, 처음에는 아이의 독서교육을 위해 시작했지만 궁극적으로 가족 모두가 변화했다는 것이다. 결국 '천 권 읽기'는 부모가 '천 권'의 책을 아이와 함께 읽어야 한다는 뜻이기도 하니까. 처음에는 영 어색해하던 아빠들도 어느새 성우 뺨치는 훌륭한 낭독가가 되고, 아이에게 책을 읽어주다 그림책에 빠져 도서관에서 그림책 동아리를 만들어 활발하게 활동하는 엄마도 많다.

가족들 간의 천 번의 읽기는 이처럼 다양한 변주를 가져온다. 부모가 먼저 읽는 모습을 보여야 아이가 책을 읽는다는 말에, 상당한 부담을 갖고 '죽기 전에 꼭 읽어봐야 하는 고전 100선'을 찾아보는 부모들도 있다. 그러나 '취학 전 천 권 읽기'는 가벼운 마음으로, 아이와 함께 영화를 보듯이, 음악을 듣듯이, 때로는 여행을 가듯이 자기 전 한 권을 자주자주 함께 읽으면 충분하다.

아이들이 입학 후 책 한 권을 깊이 읽고, 꼭꼭 씹어 먹고 소화시키기 위해서는 튼튼한 위장을 미리 만들어줄 필요가 있다. 설령 책보다 유튜브가 더 재미있어도 책읽기를 부담스러워하거나 낯설어하지 않는 아이가 되는 것, 그리고 책과 가장 빨리 친해지는 최적기를 양육자에게 알려주고 유도하는 것, 온 가족이 함께 읽는 것, 바로 이것이 천 권 읽기의 궁극적인 목표다. 그리고 숱한 오해를 불러오는 1,000이라는 숫자에 가려진 빛나는 가치일 것이다.

도장은 거들 뿐!

취학 전 천 권 읽기에 참여한 정윤이는 천 권 읽기를 마치고 나서 이런 소감을 남겼다.

천 권 읽기를 처음 시작했을 때 엄마와 함께 도서관에 가서 책을 찾아서 읽고, 여권에 차례차례 도장을 찍었다. 도장 찍는 것은 참 재미있었다. 1,000권 읽기를 하면서 재미있는 책들이 많다는 것을 알게 되었다. 1,000권이 많은 것 같지만 매일매일 읽다 보면 다 채울 수 있으니까 포기하지 않고 열심히 읽었다. 나는 학교에 가서도 계속 책을 많이 읽을 꺼다. 음식은 우리의 몸과 키를 자라게 해주고 책은 우리의 생각을 자라게 해주는 거니까 동생들아 너희들도 책을 재밌게 많이 읽기를 바래!

2021년 2월 21일 우정윤

> 1000권 읽기를 처음 시작했을때 엄마와 함께 도서관에 가서 책을 찾아서 읽고, 여권에 차례 차례 도장을 찍었다.
> 도장 찍는 것은 참 재미있었다.
> 1000권 읽기를 하면서 재미있는 책들이 정말 많다는 것을 알게되었다.
> 1000권이 많은 것 같지만 매일매일 읽다 보면 다 채울 수 있으니까 포기하지 않고 열심히 읽었다
> 나는 학교에 가서도 계속 책을 많이 읽을꺼다
> 음식은 우리의 몸과 키를 자라게 해주고
> 책은 우리의 생각을 자라 게 해주는 거니까
> 동생들아 너희들도 책을 재밌게 많이 읽기를 바래!!
> 2021년 2월 21일 우정윤

▲ 천 권 읽기를 마친 정윤이의 소감

정윤이뿐만 아니라 중랑구립도서관 사서 데스크에는 하루 종일 방문하는 아이들이 많다. 중랑구의 구립도서관 5개관, 작은도서관 18개관에는 모두 스탬프 존이 마련되어 있다. 이러한 장치는 상당히 고전적이고 평범해 보이지만 그래도 여전히 인기를 누리는 스테디셀러다. 학교에서 한 번쯤 경험해봤을 '포도알 모으기'를 생각하면 쉽게 상상이 될 것이다. 어떤 행위에 대해 긍정적 보상을 주는 일은 흔한 교육방식 중 하나지만, 취학 전 천 권 읽기에는 조금 다른 점이 있다. 바로 스탬프 찍기를 철저히 아이 개인에게 맡긴다는 것, 스탬프 존에 대한 어떤 제한도 감시도 없다는 점이다.

사실 초기의 취학 전 천 권 읽기는 철저하게 빌린 책만 세어서 사서가 직접 도장을 찍어주고 100권, 250권 등 중간 단계마다 책 선물을 증정하는 철저한 '보상' 형태를 취했다. 그러자 이에 대한 부정적인 효과가 드러나기 시작했다. 참여자들이 책을 읽기보다는 스탬프북의 날인 칸을 채우는 것에 끌려다니기 시작한 것이다. 사서들은 이러한 부정적인 측면을 현장에서 바로 감지했다.

보호자가 도장을 받으러 오면 묘한 긴장감이 돌았다. 도서관을 방문한 1시간 동안 읽었을지 안 읽었을지 모를 책 수십 권을 연달아 대출-반납을 반복해가며 도장 칸을 채우는 사람들도 생겼다. 10권을 빌렸는데 어느 도서관에서 9개만 찍어줬다는 민원도 등장했다. 도장을 예쁘게 찍어주지 않는다는 불만도 접수되었다. 수십 권의 책들과 스탬프북을 들고 오는 보호자들을 보며, 사서들은 카운팅을 제대

▲ 취학 전 천 권 읽기 도장 스탬프북(초기 버전)

로, 도장은 예쁘게 찍어야 한다는 긴장에 목줄기가 뻐근해졌다.

무엇보다 그 모든 과정에서 '아이들'은 빠져 있었다. 도장을 찍어 주는 순간순간에도 이렇게 많은 책을 읽었을 아이의 얼굴은 구경할 수 없었고, 책을 가득 담은 커다란 마트 가방만 눈에 어른거렸다. 그러다 보니 우리는 근본적인 물음을 떠올릴 수밖에 없었다. 독서가 즐겁지 않다면 많이 읽는 것이 무슨 소용이 있을까? 아이들은 이 도장 날인이 가득한 얇은 책자를 보고 기뻐할까? 뿌듯할까? 책을 읽고 싶을까?

그러한 우리 고민은 이 사업의 전면적인 틀을 변경하는 결과로 이어졌다. 특히 스탬프라는 보상방법을 취할 것이냐, 버릴 것이냐 에 대한 논란이 가장 많았다. 이 과정에서 '거짓'으로 결과를 조작하면 어떻게 하느냐에 대한 우려가 컸다(사실 이 부분은 사업을 바꾼 후 참여하는 보호자들도 많이 지적했던 부분이다). 그런데 이 논쟁은 이 한마디로 종결되었다.

"우리, 왜 아이들을 못 믿나요?"

이 말에 사람들은 사실 '아차' 싶은 마음이 들었다고 한다. 왜 우리는 아이들이 거짓으로 도장을 찍을 것이라고 생각했을까? 그리고 설령 거짓으로 찍으면 어떤가? 스탬프가 비치될 곳은 결국 도서관. 아이들이 어떤 동기로든 도서관에 오게 되면 책 한 권쯤은 가져다 읽지 않을까? 우리의 바람은 무얼까? 아이들이 책을 읽었으면 하는 것? 새롭게 제공될 이 독서 여권의 도장 칸을 꽉 채우는 것?

자가당착에 빠질 뻔한 사서들은 마음을 가다듬고 만장일치로 '스탬프'를 철저하게 아이들의 손에 쥐어주기로 했다. 스탬프를 찍는 것, 독서기록장을 채워나가는 것은 철저히 자율에 맡긴다. 같은 책을 여러 번 읽어도 되고, 도서관에서 빌린 책, 그냥 도서관에 들러 잠깐 읽어본 책, 집에서 읽은 책, 친구 집에서 읽은 책, 어린이집에서 읽은 책, 책이면 뭐든 상관없다. 몇 장 읽었지만 재미가 없어서 읽다 만 책도 읽은 책이라고 하고 싶으면 그래도 된다. 도서관에 못 올 사정이 생기면 다른 사람에게 사인을 받아도 좋고, 도장을 자기가 찍어도 된다. 규칙은 아이 스스로 정한다.

그랬더니 놀랄 만큼 아이들이 눈에 들어오기 시작했다. 스탬프

▲ 스탬프 존

존을 기웃대던 아이는 엄마에게 자기도 책을 읽고 도장을 찍어보고 싶다고 했다. 정윤이처럼 스스로 도장 찍는 보람에 천 권 읽기까지 열심히 하는 친구도 있다. 반면, 도장은 찍기 귀찮아하지만 함께 제공된 독서기록장을 채우는 것을 더 좋아하는 아이도 있다. 스탬프 존이 대부분 사서 데스크 근처에 있다 보니 사서에게 말을 거는 아이도 부쩍 많아졌다. 이만큼이나 읽었다고 자랑하는 아이, 여권이 끝나간다고 다른 여권을 받으려면 어떻게 해야 하냐고 묻는 아이, 이번에 재미있었던 책은 이거라고 말 걸어주는 아이, 좋아하는 시리즈를 다 읽었는데 다음 권도 도서관에 있는지 묻는 아이…….

비로소 이 프로그램의 주인이 아이들이 된 셈이다. 사람들은 어린아이들이 어떻게 천 권을 읽을 수 있는지 궁금해한다. 보호자의 부단한 노력도 물론 중요하다. 그러나 단언컨대 결국 아이가 책을 집어 드는 것은 '스스로' 또는 '흥미' 때문이다. 도장 찍기는 그저 도서관이 줄 수 있는 수많은 장치 혹은 재미 요소 중 하나일 뿐이다.

취학 전 천 권 읽기 독서 키트는 독서기록장, 독서 여권 5종, 단계별 배지 5종으로 구성되어 있다. 독서기록장은 1권부터 1,000권까지 기록할 수 있고 여권은 5단계로 나누어져 있는데, 여권의 스탬프 칸을 다 채운 후 도서관에 기록장과 함께 가져오면 다음 단계 여권과 배지를 받을 수 있다.

아이들 열정에 불을 지피기 위해 스탬프 존을 준비해놓고, 배지를 만들고, 여권을 예쁘게 만들고, 다양한 재미 요소들을 배치해놓았다. 도장 찍기에 흥미를 느끼는 아이들은 도장의 '찰깍' 소리에 그 자부심이 더해질 것이다. 그런가 하면 도장을 찍는 것보다 알록달록한 독서 여권 모으기를 좋아하는 아이, 여권과 함께 주는 귀여운 배지를 더 모으고 싶은 아이도 있을 수 있다. 아이들은 저마다 모습도 다르고 취향도 다르다.

취학 전 천 권 읽기가 아이들의 경쟁심리만 부추긴다고 말하는 어른들은 어쩌면 자기모순에 빠진 것이 아닐까 생각한다. 아이들은 스스로 생각하고 행동할 수 있는 존재다. 다만 필요한 것은 작은 계기 하나일 수 있다. 그 계기가 무엇일지 탐구하고 고민하는 것이야말로 우리 어른들이 할 일이다.

▲ 새롭게 바뀐 독서 키트

"짤깍, 짤깍"

오늘 어떤 아이가 도서관에서 읽은 책, 도서관에 오기 전 집에서 읽은 책 수를 열심히 세서 한 번에 도장을 몰아 찍는다. 짤깍 한 번에 아이의 마음이 커가고, 다음 짤깍 한 번에 아이의 생각이 자라고, 다음 짤깍에 아이의 키가 자란다. 작은 장치에서 들려오는 그 기계음이 마치 아이들이 커가는 노랫소리 같다. 그 음률을 음미하다 보면, 아이들에게 책이라는 세상을 제공할 수 있는 계기로는 또 어떤 것들이 있을까, 고민하게 된다.

평생 독자로 가는 독서 근육 기르기

취학 전 천 권 읽기를 마친 연우는 천 권 읽기에 도전하는 친구들 그리고 동생들에게 이렇게 당부한다.

> 요즘 책을 잘 안 읽는 친구들은 하루에 너무 많이 읽으려고 하지 마. 조금씩 읽어가면 1,000권에 달성할 거야. 너무 무리하면 또 눈이 아플 수도 있으니까 천천히 읽어도 돼. 그러니까 너무 빨리 읽지도 말고 너무 느리게도 읽지 말라는 말이야. 안녕.
>
> 2021. 2. 26. 이연우

연우는 취학 전 천 권 읽기가 어떤 의미인지 누구보다 잘 알고 있다. 진짜 독서하는 아이가 되는 길은 연우가 말한 것처럼, 무리하지 않고 조금씩 읽어가는 것이다. 너무 빨리 읽지도 말고, 너무 느리게도 읽지 말라는 말을 한마디로 치환한다면 바로 '꾸준함'이라는 단어가 될 것이다. 연우는 이 단어를 너무 어렵지 않게, 재치 있게 이야기한다. 천 권 읽기를 어떻게 하냐고 반문하는 어른들에게 공식 답변으로 내놓고 싶을 정도다. 연우의 당부야말로 취학 전 천 권 읽기가 지향하는 모습이고, 평생 독자를 기르는 독서 근육을 만드는 비법이다.

앞에서 이야기한 취학 전 천 권 읽기의 소개글을 다시 한번 인용

1000권 책읽기에 도전하는 친구들에게

안녕. 1000권 책 읽기가 끝났을때 어떤 기분일까 상상해 본적 있니? 당연히 기분이 좋을 거라고 생각하겠지만 다른 기분도 들어. 뿌듯하고 행복할거야. 1000권 전에 있는데 요즘 책을 잘 안 읽는 친구들은

하루에 너무 많이 읽으려고 하지마. 조금씩 읽어가면 1000권에 달성할거야. 너무 무리하면 또 눈이 아플수도 있으니까 천천히 읽어도되. 그러니까 너무 빨리 읽지도 말고 너무 느리게도 읽지 말라는 말이야. 안녕. 2021.2.26. 이연우.

▲ 천 권 읽기를 마친 연우의 소감

해본다.

취학 전 우리 아이에게 잠자기 전 1권의 책을 읽어준다면 1년에 365권, 2년에 700권, 3년이면 1,000권을 읽게 됩니다.

독서 근육의 열쇠는 '잠자기 전 1권의 책을 읽어준다면'이다. 취학 전 천 권 읽기를 하는 아이들은 사실 1,000권을 읽는 것이 아니라 '매일 읽기'에 도전하는 것이다. 보호자 입장에서는 하루에 한 번 아이와 공통 주제로 대화를 나누는 시간의 도전이기도 하다. 사실 말이 쉽지, 안 하던 무언가를 매일 하면서 새로 습관을 들이기란 아이나 어른이나 보통 어려운 일이 아니다. 특히 책에 대한 면역이 없는 가족이라면 쉽게 도전하기 어려운 것이 당연하다. 그래서 우리는 몇 가지 제안을 드린다.

책은 오락!

사람들이 독서를 어려워하는 이유는 알고 보면 깨알 같은 활자나 두꺼운 페이지 때문이 아니다. 바로 '부담감' 때문이다. 이 책을 읽고 무엇인가 배우고 깨달아야 한다는 부담감, 한 번 잡은 책을 끝까지 다 못 읽으면 어쩐지 실패자가 된 것 같은 기분. 아마도 누구나 한 번쯤 느껴봤을 것이다. 특히 '책은 곧 배움이다', '도서관은 공부하는 곳이다'라는 강한 편견 대문에 책과 더더욱 멀어지는 경우가 많다. 책에 대한 부담이 결국 책과 유리된 삶을 살아가게 만든다.

책을 읽기 위해서는 책은 무조건 '재미' 있어야 한다. 어른이든, 어린이든 마찬가지다. 도서관에 오는 아이들이 재미있는 책을 추천해달라고 하면, 나는 항상 마크 서머셋의 《레모네이드가 좋아요》, 《똑똑해지는 약》을 건넨다. 예전에 이 책을 몇몇 친한 사서들과 함께 주말 공원에 들고 나가 지나가는 아이들에게 읽어준 적이 있다. 책을 읽는 내내 사서들도 킬킬거리고 아이들도 깔깔댔다.

이 책에는 칠면조 칠칠이와 양 메메가 등장하는데 시종일관 메메가 칠칠에게 짓궂은 장난만 친다. 자기 똥을 똑똑해지는 약이라며 속이는 메메의 '말빨'에 칠칠이는 그만 깜빡 속아 넘어간다. 책의 처음부터 끝까지 장난과 유머 말고는 어떤 교훈도 없다. 친구에게 이런 장난을 치면 안 된다는 이야기를 따로 해줄 수는 있겠지만, 책은 그런 교훈마저 내비치지 않는다. 그냥 책을 읽고 바닥을 떼구루루 구르며 웃으면 끝이다.

아마 아이는 그다음에 또 다른 재미있는 책을 읽고 싶다고 말할 것이다. 그럼 함께 재미있는 책을 찾아보자고 하면 된다. 물론 다음에 읽을 책이 꼭 재미있으리라는 보장은 없다. 가끔 보면 도서관에서 책을 이것저것 빼서 앞에 한두 장 읽다가 말고, 다른 책을 또 빼서 읽는 아이들이 있다. 그리고 그것을 만류하는 어른이 있다. 하지만 그런 장면을 볼 때마다 오히려 말리는 어른을 만류하고 싶다.

책은 꼭 다 읽지 않아도 된다. 한두 장 읽고 재미없는 책은 아이의 취향이 아닌 것뿐이다. 다만 아이에게 왜 이 책을 읽다 마는지는 꼭 물어보는 것이 좋을 것 같다. 색이 마음에 안 드는 건지, 그냥 싫은 건지, 왜 읽고 싶지 않은지 그 이유를 말할 수 있다면 그것도 독서를 완료했다고 볼 수 있지 않을까.

어른들은 넷플릭스에 들어가 시청하다 재미없으면 "내 취향 아니네" 하며 쉽게 꺼버린다. 누구나 시청한 인기 드라마라고 해도 "어~ 1화 봤는데 나는 별로야~" 할 수도 있다. 그런데 어째서 책은 끝까지 다 읽지 못한 것을 자책하며 쉽게 덮어버리지 못하는 걸까? 재미없는 책은 일단 덮자. 나중에 재미있어질 수도, 영원히 재미없을지도 모르지만. 어쨌든 그러다 보면 나만의 재미있는 책을 만나는 순간이 온다.

우리는 취학 전 천 권 읽기를 마친 아이들에게 매번 어떤 책이 가장 기억에 남는지 3권 정도를 알려달라고 한다. 역시 아이마다 제각기 답이 다르다. 일부 특정 작가가 표를 많이 얻는 때도 있지만, 대개는 '어? 이 책은 뭐지?' 하는 책들이 꼭 들어가 있다. 당연히 아이마다 좋아하는 장르도 다르다. 어떤 아이는 지식 그림책을 좋아하고, 어떤 아이는 예술성 높은 그림책만 가득이다. 같은 작가라 해도 가장 좋아하는 책은 다 다르다. 탐독이라는 독서의 새로운 지평이 열린 것이다.

그런 의미에서 보면 독서편식도 그리 걱정할 일은 아니다. 작가, 캐릭터, 소재로 끝장을 보기 시작한 아이들의 지평은 정말 넓어지고 장대해진다. 도서관에서 수많은 연계도서 목록, 주제별 테마 독서를 제공하는 이유도 여기에 있다. 천 권 읽기를 마친 아이들의 추천도서 목록을 정리하다 보면, 앞으로 이 아이들이 어떤 책을 좋아하는 어른으로 자랄지 기대된다. 스릴러를 좋아하는 소녀가 될까? 아니면 한국 문학에 푹 빠진 소년이 될까?

일단 도서관에 와볼 것!

매일 독서의 또 다른 키워드는 바로 시간과 공간이다. 즉, 꾸준한 독서시간을 가질 것과 책을 쉽게 접할 수 있는 독서 환경을 만들어 놓는 것이다. 이런 팁은 독서 육아를 시작하는 부모에게는 어느덧 필수요소가 되어서, 집 한편을 전집으로 빼곡하게 채워놓고 텔레비전을 없애는 등의 다양한 노력을 한다. 가장 기본이지만 가장 어려운 부분일 것이다. 그런데 사실 이 두 가지 요소를 한 방에 해결할 수 있는 지름길이 있다. 바로 도서관이다!

매일 책을 읽어주기 어렵다면 주말 중 하루, 두어 시간 정도는 도서관에 아이와 나들이를 올 일이다. 도서관에는 책을 읽어주는 프로그램도 종종 있고, 부모가 소리 내어 읽을 수 있도록 아예 공간을 만들어놓은 곳도 많다. '나는 매일 읽어줄 수 없다'라는 핑계의 시선은 꾸준함이 아니라 '시간이나 횟수'에 있다. 이 시선을 다시 '꾸준함'으로 돌려보는 것이다. 우리 가족은 '책과 함께하는 시간'이 있다는 것을 아이가 인식하도록 하는 것이 결국 가장 중요한 것이 아닐까 생각한다.

도서관은 어디에나 있고, 공휴일만 제외하면 거의 매일 열려 있다. 매주도 좋고, 도서 반납일에 맞춰 격주 방문하는 것도 상관없다. 취학 전 천 권 읽기에 도달한 친구들도 대부분 도서관 단골손님이다. 자주 오는 아이는 사서들이 이름이나 얼굴을 곧잘 외우곤 하는데 대부분 낯설지 않은 아이들인 걸 보면, 이 아이들의 부모가 아이의 독서습관을 의해 얼마나 도서관을 적극적으로 활용하는지를 알 수 있다.

또한 도서관의 특성은 책의 물성을 처음 접하기 가장 좋은 곳이라는 점이다. 도서관 어린이실의 책장은 대부분 어린이 눈높이에서 크게 벗어나지 않도록 되어 있다. 도서관 곳곳에 발판을 두어 아이들이 쉽고 안전하게 오르락내리락 하게끔 한다. 중랑숲어린이도서관은 곳곳에 마치 키즈카페를 방불케 하는 장소들을 많이 마련해놓았는데, 정글짐 같은 도서관 여기저기를 탐험하면서 아이들은 책을 정말 말 그대로 가지고 논다. 더욱이 도서관에는 빅북이나 팝업북, 촉감책 등 다양한 장르의 책을 준비해놓기 때문에 아이들이 다양한 책을 만나보기 더없이 좋은 환경이다.

책을 그저 만지며 놀다가도 한 권을 읽고, 책을 찾는 검색도 해보고, 사서에게 말도 걸어보고 하면서 아이는 독서를 시작한다. 도서관이 곧 문을 닫는다는 알림 방송이 나갈 때면, 한참을 고민하다가 후다닥 책을 빌려가는 아이들도 많다. 처음에는 엄마나 아빠가 대

▲ 중랑숲어린이도서관 1층 유아자료실 전경

신 빌려주지만, 시간이 지나면 아이 혼자 도서관 카드를 가져와 책을 빌린다. 자가대출반납기의 단골 이용객도 어린이들이다. 어른들은 버벅거리는데 아이들은 잘도 척척 해낸다. 시끄럽게 뛰어놀다가도, 아이들은 금세 책에 쏙 빠진다. 공간이 가져오는 마법이자 도서관이 필요한 이유다.

그림책이 부리는 마법

아이들이 취학 전 천 권 읽기에 참여하면서 주로 읽는 장르는 '그림책'이다. 그림책은 아이에게도 부모에게도 독서 근육을 키우기에 아주 적합한 장르다. 과거에는 무조건 유아들만 읽는 것이라는 편견이 많았는데, 요즘에는 자녀 여부와 상관없이 성인도 즐기는 장르가 되었다.

그림책은 주제가 표면적으로 드러나기보다는 책 전체에 은은한 비유와 은유를 사용한다는 점에서 예술작품의 하나라는 생각이 든다. 예술작품을 감상할 때 가장 재미있는 점은 한 가지 그림에 저마다 다른 해석을 붙인다는 것인데 그림책도 이와 같다. 표지 하나에도 수십 가지 다른 이야기가 나올 수 있는 매력적인 장르다. 더군다나 그림책은 길어봤자 20~30페이지 내외이고, 텍스트가 전혀 없는 그림책부터 아주 많은 그림책까지, 얼마든지 읽는 이의 취향이나 독서 수준에 따라 선택할 수 있다.

취학 전 천 권 읽기는 이러한 그림책을 적극적으로 활용하고 그림책 위주의 연계프로그램을 많이 운영하고 있다. 특히 그림책을 주제로 한 아이 대상 책놀이 프로그램은 인기가 높아서 1분 안에 마감되는 경우가 많다. 책놀이 프로그램의 주된 내용은 독후활동뿐만 아니라 '대화'에 방점이 찍혀 있다. 선생님은 아이에게 끊임없이 질문을 건넨다. 수업은 보통 10차시로 구성되는데 처음에는 어색해하던 아이들도 2~3차시가 지나면 곧잘 먼저 말을 건다.

그림책이라는 장르의 효과를 최대치로 이끌어낼 수 있는 것은 바로 이런 대화다. 낯선 선생님보다는 가족들과 더 말하기 쉬울 것이다. 아이가 제일 평온한 상태인 잠자기 전이라면 금상첨화다. 아이는 가족과 책을 읽으면서 전혀 다른 이야기를 만들어내는 경우가 많다. 양육자와 이야기를 나누는 아이는 묵독만 하는 아이보다 더 빠른 속도로 책을 해치운다. 읽기와 말하기의 상호작용이 시작된 것이다. 대화하는 아이는 책에 대한 적극성과 흥미도 남다르다. 아이가 책을 읽고 나서 던지는 어떤 한마디로 시작되는 대화는 오늘도 아이의 독서 근육을 무럭무럭 키운다.

취학 전 천 권 읽기 후기: 아이들편

> 천권읽기를 도전하는
> 동생들에게 ♥
>
> 안녕? 나는 표가온이라고해 ♡
> 나는 6살에 천권읽기 도전을 시작했어.
> 책읽기를 좋아하는데 천권읽기 목표가
> 생겨서 더 열심히 책을 읽게 되었지.
> 코로나19로 도서관에 갈 수
> 없어서 속상했지만 집과 서점
> 에서 책을 읽으면서
> 천권읽기를 성공했어!
> 동생들아! 천권읽기를 꼭!
> 성공하길 응원해 ♡ 건강해~
>   형님이 된, -가온이가-

▲ 표가온

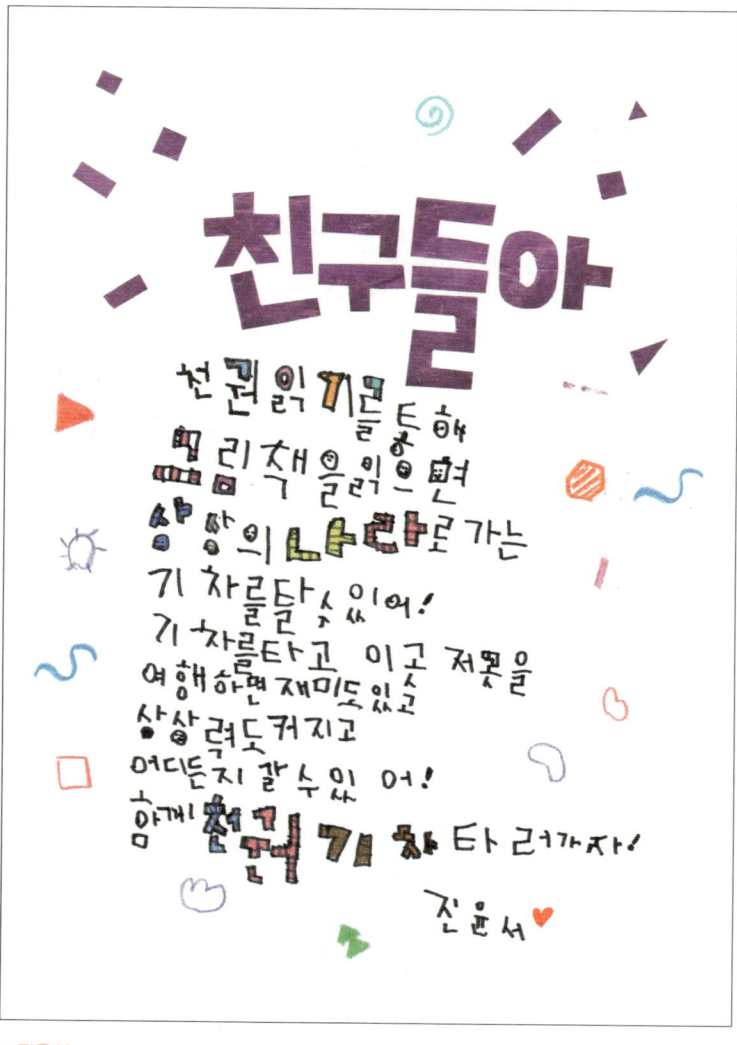
▲ 진윤서

취학전 1000권읽기 성공

글씨를 잘 읽게 되어 좋아요. 엄마가 책을 읽어주실 때 글씨를 눈으로 따라 읽었어요. 조금씩 글씨를 읽을 수 있으니 뿌듯했어요. 아는이야기가 많아져서 친구들이 "○○이야기 알지?" 할 때 "응" 하고 같이 이야기 할수 있어 좋아요. 책읽기는 재밌어요.. 앞으로 혼자서도 책을 읽을거에요.

▲ 김다은

천권을 읽기 위에서
책선을 다했다.

아침에 일찍 일어나 책을 읽었다.
책읽는 건 재미있다.
책 귀다 읽고도
천권 읽기 도전하는 동생들아
책 많이 읽기 바래 그리고
책 답이 많 읽어서 천권 다 채워~

사랑

▲ 안서하

저는 봉화초 2학년 김지우입니다.

저는 천권읽기를 하고 상상력의 많가 진저 깊습니다. 저는 천권읽기를 하고 그림을 그림대 책에없었던 상상을 냉장고 박스로 박스 책을 만들수있고, 그림을 그림대 책에없었던 상상을 그려서 그림이 더 재미있었고, 해요. 또 모르는 글자까를 대해는 더 똑똑해지는거 같아요. 목걸이 책 내용이 재미대있고, 목걸이책 한가락 페이지 는 아주 궁금했어요. 마틸다는 어떻게 이 상황을 이겨 나갈까? 아니면 계속 간난 하게 살았을까? 내생각은 마틸다 친수 소피가 마틸다를 도와 졌을거 같다. 주변에 간접경험을 할수도있다. 간접경험은 나 친구가 다녀가 다녀는데 나는 얼만큼 마픈지 모르다. 책으로 보면 내가 경험하지 않았지만 내가 한거 같다. 책을 많이 읽으면 좋은 점이 많습니다. 책은 역사, 수학, 수수께끼, 만화, 속담 그리고 한자 들등 많이 있습니다. 나는 그중 수수께끼 책이 좋습니다. 말아 맞히기가 쉬운 문제는 다 재미 있습니다. 그중 내가 좋다 하는 수수께끼 들은 바른 방귀를 뿡 타고 올라가는 거는? 정답: 로켓. 아침엔 4발 점심엔 2발 저녁에는 3발인 동물은 무엇일까? 정답: 인간, 인간인 이유가 아침엔 아기, 점심에는 어른, 저녁에는 노인 그리고 한발에 있는것은 지팡이. 이런거 많은 책이 내 집에 있습니다. 책을 가지고 많은 하깃, 낭송, 오르는 꼭 지를배울수 있습니다. 세 조대왕에 덕분에 한글을 읽어 세종 대왕님에게 감사합니다. 해요.

▲ 김지우

3장

다 기록하지 않아도 괜찮아

나만의 독서기록장 만들고 써보기

"우리 아이는 독후감 쓰기를 너무 어려워해요."

도서관에 방문하는 양육자들이 흔히 하는 이야기가 아이들이 '기록하기'를 어려워한다는 것이다. 생각해보면 예나 지금이나 책을 읽고 감상문을 쓴다는 것은 만만치 않은 일이다. 어릴 때 개학을 앞두고 독후감 벼락치기를 해본 경험이 다들 있는 것처럼. 학교는 방학 때 그림일기 형식이든 줄글 형식이든 독후감을 한 권 정도 채워 오라는 숙제를 내주는데, 이 숙제가 결코 쉽지 않다.

자연관찰이나 현장 체험 같은 것들은 그럭저럭 하겠는데, 독후감의 경우는 분명 책을 읽었는데도 내용이 쉽게 정리되지 않고 첫 문장을 시작하는 것 자체가 부담스럽다. 방학이 끝나갈 때쯤 부모, 삼촌, 이모, 고모를 총동원해 감상문 돌려막기를 하다 보면 어른들조차 쉽게 쓰기 힘든 것이 독후감이라는 생각이 든다. 무언가를 쓴다는 것은 왜 이렇게 어려운 것일까.

글쓰기의 어려움을 십분 참작하더라도, 독후감의 효용 자체는 없지 않다. 감상문을 잘 쓴다는 것은 책을 재미있게 읽는 것을 넘어 내용을 세심하게 파악하고 그로부터 주제를 끌어내는 것은 물론, 등장인물의 입장에 공감하는 인성 영역과 특정 관점을 기준으로 내용을 비평하는 지성 영역이 함께 수반되어야 가능하다. 곧 쓰기란 사고력과 표현력이 종합적으로 작용하는 분야라는 얘기다. 그렇기 때문에 잘 쓰기 위해서는 먼저 잘 읽는 것이 선행되어야 한다. 내용에 대한 이해 없이 글을 쓸 수는 없는 노릇이므로.

사실 유아부터 초등 시기에 이르기까지는 '잘 쓰기'보다는 '잘 읽기'에 더 집중해야 한다. 외국어를 익히는 것과 마찬가지다. 10대의 대부분을 영어와 함께 보냈으면서도 영어를 어려워하는 이유는 우리가 '쓰기'부터 배우는 교육방식에 익숙해져 있기 때문이다. '읽기' 교육은 물론 보통의 경우 교과과정에 포함되어 있다. 그런데 여기서 이야기하는 교육적 의미의 '읽기'는 '책읽기'와는 조금 다르다. 전자의 '읽기'가 문장을 분석하고 해석하는 것, 글의 맥락을 따지는 기술적 접근이 목적이라면 후자는 총체적 경험이라는 목적에 가깝다. 독서가 궁극적으로 언어 학습에 도움을 줄 수는 있겠지만, 독서와 공부를 동일시하는 것을 반대하는 이유도 그래서다. 그런 범주에서라면 독서의 세계는 턱없이 제한적일 수밖에 없다.

일정한 주제 의식과 목적, 구조를 갖춘 책의 형태로 '읽기'를 배우는 것만큼 효과적인 방법은 없다. 정보를 전달하는 다양한 매체의 등장에도 책이 건재하는 이유는 바로 이것 때문이다. 많은 이들이 유튜브 등을 비롯한 영상 매체를 통해 정보를 얻지만, 이를 통해서는 리터러시, 즉 문해력을 높이기는 어렵다. 문해력은 말 그대로 문자를 통해 지식을 습득하고 사고를 기르는 능력이다.

책을 통한 읽기는 문장을 이해하고 전체 흐름을 파악하며 행간의 보이지 않는 풍경까지 유추할 수 있도록 한다. 또한 삶 전반에 필요한 사고력과 안목을 기를 수 있도록 도와준다. 사람의 생각은 언어가 규정한다고 하지 않는가. 언어의 세계가 다양하고 풍부할수록 사고의 결과 깊이도 영향을 받는다.

한편, 어느 정도 읽기 훈련이 되어 있는 어린이도 독서 감상문 같은 비평적 글쓰기는 쉽지 않다. 줄거리를 이해하고 주제를 짐작하며 그에 대한 관점과 감상까지 덧붙여야 하는 작업은, 사실 성인이어도 상당히 숙련된 독자여야 가능하다. 초등학생부터 대학생에 이르기까지 과제나 수행평가로 꼬리표처럼 따라다니는 것이 독후감이다. 이렇게 독서와 감상문이 짝꿍처럼 붙어 있으니, 책을 읽는 일 자체가 부담이 아닐 수 없다.

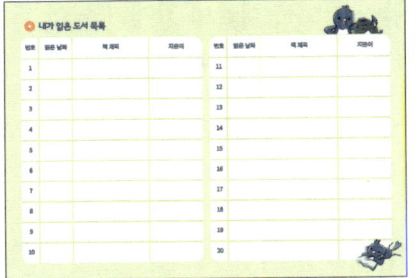 
 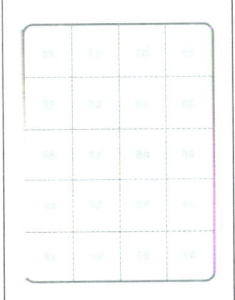 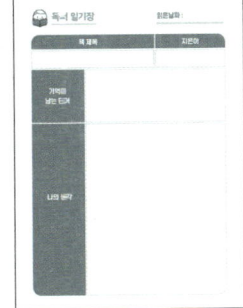

▲ 독서기록장과 독서 여권 일부

 이러한 이유로 취학 전 천 권 읽기 프로그램에서 활용하는 독서 기록장은 서평이라기보다는 도서 목록을 작성하는 것에 가깝다. 책 제목과 지은이, 읽은 날짜와 별점을 기록하고 빈칸을 하나씩 채워가며 독서에 대한 지속적 동기를 부여한다. 특별히 인상적인 감상이 남은 도서는 독서 일기장을 활용해 간단한 키워드나 생각을 작성하는 식이다.

 내가 읽은 모든 책을 자세히 기록할 필요는 없다. 모든 책이 여운이나 감상이 남는 것은 아닐 테고, 어느 날 우연히 유독 기억에 남는, 책장을 덮었음에도 부연을 덧붙이고 싶은 책들이 있게 마련이다. 물론 각자의 취향과 경험에 따라 그 책의 종류는 다를 것이다. 또한, 아직 책에 대한 이해력이 부족하거나 배경지식이 부족한 경우에도 기록하고 싶은 마음이 들지 않을 수 있다.

결론부터 이야기하자면 천 권 사업에서 제작한 독서기록장은 '기록을 위한' 것이라기보다는 '지속적인 읽기'를 위한 기록장이다. 부담스러운 기록이 아닌, 책이 읽고 싶어지도록 만드는 기록이다. 기록장과 함께 제작한 독서 여권 또한 그러한 맥락이다. 여권에는 다 읽은 도서마다 스탬프를 찍고 기록장에는 해당 도서 정보를 한 줄로 기록한다. 비어 있는 한 칸 한 칸을 채우는 즐거움은 책읽기 활동에 또 다른 즐거움과 목적의식을 부여한다. 소위 '다이어리 꾸미기'처럼, 자신만의 독서기록장을 만드는 셈이다.

재미있는 놀이를 통해 독서 활동에 속도가 붙었다면, 긴 글 작성에 대한 부담은 털어내고 가능한 많은 책을 읽어보는 것이 좋다. 특히나 어린이와 같은 초보 독자라면 되도록 다양한 형식과 내용의 책들을 읽을 일이다. 취향과 안목을 기르기에는 보다 많은 책을 접해보는 것만큼 좋은 방법도 없기 때문이다. 마음에 드는 표지로 고르든, 작가로 고르든, 분야로 고르든 그것은 어린이의 마음이다. 하나하나 쌓아간 책 속에서 언젠가 일정한 자신의 기호를 발견할 테고, 그것은 또 다른 독서의 세계로 이끌 것이다.

독후활동에 연연하기보다는 꾸준한 읽기를 통해 책과 친해지는 것이 먼저다.

어떤 책을 골라서 어떻게 읽을까

책 골라주기, 직접 고르게 하기

많은 부모가 아이들에게 어떤 책들을 읽혀야 하는지를 묻는다. 그런데 애석하게도 여기에는 정답이 없다. 다들 좋다고 하는 책이 내 아이에게는 재미없을 수 있고, 자칫 필독서라는 도서를 억지로 읽히려 했다가 오히려 책에 대한 흥미만 반감시킬 수도 있다. '읽어야 하는' 책이 재미있을 수 있을까?

도서관에서 근무하다 보면 간혹 안타까운 장면을 목격한다. "이 책은 꼭 읽어야 하는 책이야" 혹은 "이런 책은 읽으면 안 돼"라는 말로 아이의 독서 행위를 통제하는 광경이 그것이다. 즐거움을 느껴서 하는 활동이 아닌, 의무감에서 시작된 행위는 아이에게 충분한 동기부여가 되지 않는다. 또한 책읽기의 즐거움을 전달하고 꾸준한 독서 습관 형성을 통해 한 아이를 평생 독자로 키워내겠다는 천 권 사업의 취지에도 어긋난다.

물론 초보 독자인 어린이가 책을 고르는 데는 양육자의 도움이 필요하다. 그러나 책을 고르는 안목과 기술 또한 아이가 배워야 할 부분이다. 점차 성장하고 보다 능동적으로 독서를 시작하게 될 즈음, 반드시 필요한 능력이다. 그렇다면 이 능력을 어떻게 키워줘야 할까?

먼저, 양육자와 어린이가 책을 고르는 비율을 조정해본다. 부모가 백퍼센트 책을 골라주는 방식은 추천하지 않는다. 처음 책을 접하는 경우, 부모와 아이가 7 대 3 정도로 책을 고르는 것이 좋겠다. 앞서 말했듯이 아이도 스스로 책을 고르고 실패해보는 경험이 필요한데, 그 경험이 앞으로 안목을 기르는 데 중요한 밑거름이 될 수 있기 때문이다.

'적자, 적시, 적서(To supply the right book for the right person at the right time)'라는 말이 있다. 적절한 시기에, 독자의 성향과 흥미를 고려해 도서를 선택하라는 이야기로, 미국도서관협회의 초기 도서 선정 기준이기도 하다. 이 말에 따르면 고른 독서를 위해 인문, 사회, 과학 등 모든 분야가 갖춰진 전집 등에 얽매일 필요가 없다. 하나라도 흥미 있는 분야가 있다면 그 분야의 책을 많이 읽히면 된다. 그러면 어느 순간 정독이 가능해지고, 깊이 있는 독서로 이어져 곧 연계 분야로 확대될 수 있을 것이다. 따라서 부모가 고르는 책은 아이의 평소 관심사와 취향을 고려해 7/10 정도 비율로, 양육자의 독서 지도 관점에 부합하는 도서를 3/10 정도 비율로 선택하는 것이 좋다. 또한 책을 고르기 전에 좋아하는 이야기가 무엇인지, 그림이 많은 책을 좋아하는지, 평소 궁금했던 분야가 있는지 등 아이의 의견을 물어보는 것도 좋은 방법이다.

어린이 스스로 책을 고르는 경우에는 다음의 몇 가지 방법을 제시해볼 만하다. 먼저 평소에 좋아하거나 흥미를 느꼈던 것들을 떠올린다. 그 이유도 생각해보도록 한다. 어떤 아이는 계속해서 이야기를 예측해야 하는 추리 소설을 좋아한다. 또 새로운 사실이나 정보를 알려주는 과학 동화를 좋아할 수도 있다. 단순히 예쁜 삽화가 많은 도서를 선호하는 친구도 있을 수 있다.

한편, 좋아하는 것만큼이나 중요한 기준은 '싫어하는 것'들이다. 내용의 길이가 너무 길다거나, 너무 많은 인물이 등장한다거나, 현실적이지 않은 판타지 이야기를 싫어할 수도 있다. 이렇게 좋아하는 것, 좋아하지 않는 것들의 리스트를 정리하다 보면 어떤 책을 골라야 하는지 첫 번째 가닥을 잡을 수 있을 것이다.

마음을 정했다면, 도서관이든 서점이든 우리 집의 서가든, 책이 있는 공간으로 이동해보자.

다음으로는 제목과 표지 그림이 마음에 드는 도서를 골라본다. 흥미를 끄는 제목과 궁금증을 자극하는 표지 그림들이 있을 것이다. 책 제목은 도서 마케팅의 핵심적인 요소다. 책의 내용과 성격을 한눈에 보여줄 수 있는 중요한 단어 혹은 문장으로 표현했을 가능성이 크다.

책 표지 역시 마찬가지다. 표지에 실리는 그림은 책의 내용을 부연 설명함과 동시에 그 자체로 상징과 은유를 담은 창작물이다. 그림 작가의 해석과 의도가 담긴 매개이자 독자와의 또 다른 대화 창구다. 제목과 그림만으로도 우리는 어느 정도 책의 뉘앙스와 내용을 미루어 짐작할 수 있다. 물론, 겉모양만으로 고른 책이 아이 마음에 들지 않을 수도 있다. 처음에는 여러 번 실패할 수 있으나 반복해 시도한다면 자신만의 안목을 기를 수 있을 것이다.

우연히도 아이가 재미있게 읽은 책이 몇 권 있다면 이것은 아주 좋은 신호다. 책을 고르는 데 있어 어쩌면 지름길이라고 할 수 있는 몇 가지 기준을 얻은 셈이니까. 흥미로웠던 책의 글이나 그림 작가를 살펴보고 그 작가들의 또 다른 도서를 읽어보는 것도 좋은 방법이다. 출판사에서 작가별 도서 출판 혹은 컬렉션을 만드는 이유는 많은 독자가 그러한 방식으로 책을 고르기 때문이다. 작가 특유의 특정한 경향이나 문체, 표현 방식 등은 실패 확률이 낮은 선택지를 제공한다. 작가를 살펴본 후에는 책의 내용, 이야기를 전달하는 형식, 분야와 장르 등을 찬찬히 따져본다. 추후 책을 고를 때 좋은 선정 기준이 될 것이다.

이런 방법에 따라 독서를 진행했다면 다음은 도서를 평가할 차례다. 재미있던 책과 애매했던 책, 전혀 재미없던 책들에 별점을 매기고, 나중에 다시 읽고 싶은지 여부도 따로 기록해둔다. 어린이들은 재미있게 읽은 책 혹은 좋아하는 책들을 계속 반복해서 읽는 경향이 있다. 나만 해도 어릴 적 《빨간 머리 앤》,《작은 아씨들》을 비롯해 찰스 디킨스 같은 작가의 책을 수없이 읽었던 경험이 있다. 초등학생을 지나 대학생, 성인이 되어서도 마찬가지다. 다 아는 이야기임에도 불구하고 계속 나오는 판본들과 영상 매체로 변주되는 이야기를 대부분 챙겨 본다. 익숙한 가운데 매번 새롭게 느껴지는 지점들이 분명히 있다.

이렇게 고른 책들은 각기 다른 서술방식과 형태를 갖췄을 것이다. 종류로 나누자면 그림책도 있을 수 있고, 지식 정보서, 전집류도 있을 수 있다. 또한 내용과 형식이 다른 만큼, 각자 적절한 접근 방식들이 있을 것이다. 바로 장르에 관한 이야기다. 성인 도서만큼이나 어린이 책도 그 종류가 다양하다.

유아 시기에 많이 접하는 그림책에서부터 글자 수가 좀 더 추가된 동화책, 소설류, 사회 및 과학 등 지식 정보를 전달하는 책, 인물이나 역사를 다루는 책, 전집 등이 있다. 성인도 각자 분야에 따라 선호하는 이야기 방식이 있다. 경제서나 과학서 등 정보 탐색용 도서를 주로 읽는다든가 소설이나 에세이를 선호할 수도 있다. 어린이들도 마찬가지여서, 글이 적고 그림이 많은 책을 좋아할 수도 있고 과학 탐구 동화를 좋아할 수도 있다. 중요한 것은 장르와 형태마다 읽는 방법이 다르다는 것이다.

여기에서는 어린이들이 가장 많이 접하는 대표적인 장르 몇 가지를 소개해본다.

그림책 읽기

많은 사람이 그림책을 유아만 읽는 도서라 생각하는 경향이 있다. 그러나 그림과 언어에 은유와 상징을 가득 담은 그림책은 나이와 무관하게 독자 스펙트럼이 넓은 분야다. 특히나 요새는 처음부터 아예 어른을 겨냥한 그림책이 많이 출판되고 있다. 철학과 예술, 언어를 모두 아우르기에 성인 독자층도 늘어가는 추세다.

한편 《괴물들이 사는 나라》의 저자 모리스 센닥은 그림책과 이야기책의 차이점을 이렇게 설명한다.

그림책은 말 그대로 글이 별로 없고 그림이 많은 부분을 차지합니다. 하지만 그 약간의 글은 금방이라도 터질 듯한 시한폭탄과 같습니다. 그림은 폭발이라고 할 수 있고요. 그림책에서 제가 할 수 있는 일은 언어를 은유와 상징으로 압축하여 표현하는 것입니다. 그림은 오페라의 무대와 같고 글은 오케스트라의 협연에 비유할 수 있습니다. 실제로 둘 중 하나라도 없으면 작품이 만들어질 수 없죠.

그림작가들과의 인터뷰집, 《일러스트레이터는 무엇으로 사는가》 중에서

이처럼 그림책에서 글과 그림은 떼려야 뗄 수 없는 관계로, 그 둘이 적절한 조화를 이룰 때 한 편의 그림책이 완성된다. 책 속의 그림은 축약적인 그림책 언어와 마찬가지로 독자에게 상상의 여지를 남겨야 하므로 그 자체로 완벽한 그림은 아니다. 바로 그래서 그림

책의 그림을 더 정성 들여 감상할 필요가 있다. 자세한 묘사와 설명이 생략된 그림은 때로 언어보다 더 풍부한 내용을 전달하기 때문이다. 그 과정에서 아이들은 시각 언어를 더 잘 이해하게 되고 상상력과 창의력이 발달한다.

특히나 그림책은 귀로 듣는 도서이기도 하다. 유아 시기에는 대부분 부모를 포함한 양육자들이 그림책을 읽어주는 경우가 많다. 귀로 듣는 언어와 눈으로 보는 그림의 협연은 보다 다채로운 책의 세계로 독자를 안내한다. 그래서 초등 시기에 접어든 아이에게도 누군가 책을 읽어주는 경험이 스스로 책을 읽는 것만큼 유용하다. 물론 어른도 마찬가지다. '밀리의 서재', '윌라'와 같은 오디오북 컨텐츠가 급부상한 이유도 다르지 않다. 귀로 듣는 책은 독자의 상상력을 극대화시켜 어떤 면에서는 독서 경험을 한층 더 풍부하게 만든다.

그림책을 읽을 때는 가능하면 양육자 혹은 주변 어른이 읽어주는 것으로 시작하자. 또한, 가장 많은 정보를 함축하고 있을 표지 그림은 시간을 들여 감상해본다. 그림책은 앞표지와 뒤표지까지 책의 내용에 포함되기 때문이다. 본격적인 내용이 시작되면 아이가 그림과 그림을 이어갈 수 있도록 천천히 다음 장을 넘기는 것이 좋다. 아이 스스로 넘기게 하는 것도 좋은 방법이다. 초등학생도 마찬가지다. 그림이 말하려는 것과 그 뒤에 내포된 것, 다음 장에서는 무슨 일이 일어날지 장면을 예측하며 읽는 방법들은 어린이의 감상을 넓고 깊게 확대한다.

간혹 글이 아예 없는, 그림으로만 이루어진 그림책도 있다. 글이라는 유도 장치 없이 그림으로만 이야기를 이끌어가야 하기에 작가의 역량이 뛰어나야 하는 분야이기도 하다. 독자로서는 그림에만 온전히 집중해야 하므로 오히려 어렵게 느껴질 수 있지만, 바로 그 이유로 아이의 상상력과 창의력이 극대화될 수 있다. 집중력을 유지하게끔 책을 읽어주는 이의 안내와 아이의 능동성이 더욱 중요한 분야다.

이야기책(글책) 읽기

이야기책은 어린이 도서관의 대부분을 차지하는 가장 흔한 형태의 도서다. 그림은 줄고 글자 수가 늘기 때문에 문맥을 파악하고 전체 구조와 작가의 의도를 파악하는 등, 본격적인 문해력이 필요한 장르이기도 하다. 한편으로는 그런 부분 때문에 책과 멀어지게 되는 계기가 되기도 한다. 앞서 말한 것처럼 글자 수가 늘어난다는 것은 곧 읽기 활동에 들여야 할 품이 많다는 것을 의미하기 때문이다. 그렇다면 이 시기에 이야기책을 재미있게 읽는 방법은 어떤 것이 있을까?

먼저, 책 속 등장인물에 공감하며 읽어보도록 한다. 이야기책의 장점은 현실 속에서 만나보지 못한 다양한 존재를 만나 그와 일련의 대화와 사건을 경험할 수 있다는 점이다. 집과 학교, 주변에서 미처 다 겪어보지 못했던 상황, 시간과 공간의 제약을 받지 않는 경험들은 어린이 독자로 하여금 새로운 관계를 이해하고 생각해볼 수 있도록 이끈다. 특히나 코로나19와 같은 팬데믹 시대를 맞아 아이들은 더욱더 관계로부터 고립될 수밖에 없었다. 일상적인 학교생활조차 제약을 받는 상황에서 친구와 교류하는 것 역시 쉽지 않을 테니 말이다. 또한, 그 때문에 타인의 입장에서 생각해보고 공감하는 기본 능력을 키우기가 더욱 어려울 수밖에 없다.

다행히도 우리에게는 현실을 떠나서도 만날 수 있는 다양한 친구들이 존재한다. 오랜 세월 동안 만들어진 수많은 이야기에는 온갖 인간 군상과 존재들이 등장해 제각각의 모습으로 살아간다. 어린이가 주로 읽는 이야기책도 마찬가지다. 물론 등장인물은 사람이 아닌 동물이나 사물, 현실 속에 없는 제3의 존재일 수도 있다. 이 가상의 친구들과 대화를 나누고 같은 상황을 경험할 때, 아이는 비로소 나와 다른 수많은 타인이 이 세상에 존재함을 깨닫게 된다.

또한 책 속 주인공을 비롯한 여러 주변인의 말과 행동의 동기를 예측하며 읽는 방법은 타인에 대한 이해와 공감을 기르는 데 도움이 된다. 언뜻 왜 그렇게 말하고 행동하는지 이해되지 않을 수 있지만, 그 상황 속에 나를 놓아둠으로써 생각의 반경을 넓힐 수 있다.

다음으로는 이야기책의 줄거리를 파악하며 읽는 방법이다. 의외로 많은 아이들이 내용을 이해하는 데 어려움을 겪는다. 앞의 이야기를 기억하지 못하거나 등장인물과 사건을 헷갈리는 경우 역시 마찬가지다.

일단 책을 그냥 읽기만 해서는 전체 내용을 이해하는 데 어려움을 겪을 수 있다. 눈으로 무언가를 읽을 때는 동시에 머릿속 생각 회로가 함께 돌아가야 한다. 어떤 인물들이 등장하는지, 주요 사건은 무엇인지, 갈등을 겪는 이유가 무엇인지, 행동의 이유와 동기는 무엇인지, 앞으로 어떤 일이 일어날지 상상하고 예측하며 읽어야 한다는 것이다. 읽는 도중에 잘 정리되지 않는다면 책을 다 읽은 후에 요약해보는 것도 좋다. 특히나 어린이의 경우 다 읽은 책에 대해 말하는 연습을 해보는 것이 좋다. 등장인물과 사건, 이야기의 발단과 과정, 결론을 정리해 상대방에게 말해봄으로써 논리적으로 생각하고 말하는 능력을 기를 수 있다. 여러 번 읽으며 내용을 파악해보는 것도 좋은 방법이다.

줄거리를 파악하고 나면 작가의 의도와 주제가 보일 것이다. 결과적으로 이 책이 말하려는 내용이 무엇인지 정리해봄으로써 아이는 비로소 독서를 구체적으로 받아들이게 된다. 피상적인 독서가 아닌 분석적 독서를 통해 책읽기의 즐거움을 새로 발견하게 되기도 한다.

처음 배우는 모든 것은 어렵다. 익숙하지 않기 때문에 어떤 지점에서 재미를 느껴야 하는지 다가오지 않을 수 있다. 즐거움과 흥미도 얼마간의 훈련과 노력을 통해 얻을 수 있는 것처럼, 책읽기 또한 마찬가지다. 과연 처음부터 책이 재미있는 아이가 얼마나 될까? 요즘처럼 별다른 노력 없이도 즐겁고 자극적인 것들이 넘쳐나는 시대에는 더욱 드물 수밖에 없다.

지식 정보책 읽기

정보를 전달하는 책을 좋아하는 사람들이 있다. 묘사와 비유, 은유와 상징 없이 명징한 언어로 쓰인 책들은 보통 사회경제 분야나 과학 및 공학 분야 도서가 대부분이다. 어린이 역시, 그림책 혹은 소설류를 좋아하지 않거나 잘 읽히지 않는다는 이유로 멀리하는 경우가 의외로 많다. 이렇게 이야기책이 아닌 논픽션(비문학)을 선호하는 사람들의 특징은 첫째, 새로운 사실을 아는 데서 오는 기쁨을 중시한다는 점, 둘째, 이야기책에 흔히 나오는 인물과 사건에 감정이입하는 것이 익숙하지 않다는 것이다.

유아, 초등 시기에는 대부분 이야기책으로 독서를 시작하는 경우가 많다. 교사나 양육자가 다루는 책도 문학류가 높은 비중을 차지한다. 실제로 문학은 우리 삶의 의미에 가장 가까이 접근할 수 있는 장르이기는 하나 모든 아이가 이에 쉽게 감화되는 것은 아니다. 이야기에 쉽게 빠지지 못하고 사실이나 원리를 다루는 이야기, 즉 동식물 도감이나 과학책에 더 즐거움을 느끼는 아이들도 많다.

한편 이렇게 지식 정보를 전달하는 책들은 배경지식 전반을 넓혀주기에 결과적으로 이야기책을 읽을 때 도움을 줄 수 있다. 이야기책은 실제 사실을 기반으로 쓰일 때도 있지만 본래는 이야기 자체에 집중하는 장르이므로 실제 사실과는 다른 경우도 많기 때문이다. 또한, 풍부한 배경지식은 이야기에 더 효과적으로 몰입할 수 있게 한다. 모르는 이야기가 나올 때 굳이 관련 내용을 이해하는 데 시간을 할애할 필요가 없다는 말이다. 그렇다면 지식 정보서는 어떻게 접근하는 것이 좋을까?

우선 책의 기본 원리와 사실 원칙을 이해하며 읽는 것이 좋다. 지식 정보서는 대부분 정보 전달이 목적이다. 그렇기 때문에 수식어가 없는 문장으로 구성된 경우가 많다. 또한 내용을 전달하는 형식 역시 다양하다. 어린이 도서의 경우 비문학 형식 외에 학습만화, 과학동화 등 이야기 형식을 차용하는 경우가 많은데, 실제로도 어린이 대부분이 이러한 방식으로 지식 정보서를 접하게 된다. 만약 비문학 읽기를 어려워하는 아이가 있다면 이렇게 그림과 이야기로 이루어진 지식 정보서를 선택해 그 배경과 원리를 이해해보는 것도 좋은 방법이다. 이야기로 알게 된 정보는 나중에 아이가 완전한 논픽션 형태의 도서를 접하게 될 때 좋은 밑바탕이 되어줄 뿐 아니라 비문학을 더 자세히 읽게끔 유도하는 역할도 한다.

해당 지식 정보와 관련된 연계 경험 또한 중요하다. 지식 정보서는 부록 등을 이용해 원리를 이해하는 방법이나 과정을 제공하는 경우가 많다. 독서 후에는 이렇게 제공되는 키트를 이용해 습득한 정보를 확인하는 태도도 중요하다. 명확히 이해되지 않거나 피상적으로 느껴지던 원리가 체험을 통해 비로소 내 것이 된다는 느낌을 받을 수 있을 것이다. 박물관이나 체험관 등을 이용해 알게 된 이론을 체득해보는 것 역시 중요하다. 동식물과 자연, 과학과 기술이 함께 사는 환경과 세상으로 이어진다는 것을 깨달을 때, 사회 구조에 정치와 경제, 인권과 공동체 이야기가 촘촘히 연결되어 있다는 것을 깨달을 때, 지식은 이론에서 끝나지 않고 생생하게 살아 있는 정보가 돼 오래도록 남는다.

인물 역사책 읽기

도서관에 근무하다 보면 유아가 읽을 만한 역사책에 대한 질문을 종종 받는다. 사실, 아직 취학 전 아이가 읽을 만한 역사책은 출판 자체가 드문 편이다. 시간의 흐름과 역사의 개념을 이해하기에는 아직 외연이 넓지 않은 나이이기 때문이다. 따라서 보통 취학 전 유아라면 역사적 인물이나 전통문화, 문화재나 예술작품 이야기를 통해 그 내용을 간접적으로 체험하게 하는 것이 대부분이다. 이러한 경향은 초등 시기까지도 이어진다.

과거에는 '위인전'이라 하여 대중에 많이 알려진 위인 위주의 전기류가 인기 있었다. 각 나라의 왕이나 높은 신분의 관료, 업적을 남기거나 큰 성공을 거둔 보편적 의미의 위인들 말이다. 지금은 위인에 대한 관점 역시 다양해져 여러 분야에서 의미 있는 인물들이 대상이 되었다. 직업 성취도가 높은 여성을 비롯해 비주류 문화계 인사들부터 동시대 인물에 이르기까지 범위 또한 확대되었다.

　인물을 통한 역사 읽기의 장점은 일단 그 화법이나 관점이 아이에게 상당히 친숙하다는 데 있다. 인물 역사책 대부분은 인물과 사건을 중심으로 내용이 전개되기 때문에, 보통의 이야기책 형식을 갖추고 있게 마련이다. 지식 정보책이 이러한 형태를 갖췄을 때 배경지식을 더 쉽게 습득할 수 있었던 것처럼, 인물 역사책도 마찬가지다. 어린이에게 다가가는 장벽을 한층 낮춤으로써 이후 연대와 역사의 흐름, 한국사와 세계사를 연계적으로 이해하는 데 밑거름 역할을 한다.

　한편, 인물 역사책을 읽을 때는 먼저 그 인물이 처한 시대적 배경을 이해할 필요가 있다. 조선 시대인지 고려 시대인지 그 사실을 외우는 것 자체가 중요한 게 아니라, 인물이 역사적 사건에 개입된 이유와 행동 배경을 파악하는 것이 먼저라는 말이다. 동시대 인물과 달리 역사적 인물은 시대 배경이 지금과 다르기에 행동 양식도 달라질 수 있다. 그러한 부분에 대한 이해가 바탕이 되어야 수월한 책 읽기가 이루어질 것이다.

　그러한 이유로 인물 역사책은 해당 인물이 살았던 생활 환경과 삶의 양식을 세세하게 구현해낸 책이 좋다. 실제 주인공의 삶을 짐작하고 예측하는 데 도움이 되기 때문이다. 또한 지식 정보책과 마찬가지로 그 인물과 연관된 문화체험 역시 중요하다. 인물뿐만이 아니라 전통문화와 세계문화, 문화재나 예술작품 등 역사를 간접적으로 이해할 수 있는 내용을 다룬 책들은 대부분 그와 관련된 연계 문화체험을 추천한다.

　미술관과 박물관, 역사관 등 도시 곳곳의 전시관과 더불어 우리나라 전역에 걸쳐 있는 크고 작은 축제들, 음식문화, 역사적 건축물들 하나하나 허투루 지나치지 않았으면 좋겠다. 단순히 보기 좋은 관광지 정도로만 여겼던 북촌 한옥마을조차 독립운동, 일제강점기와 연관된 역사적 의미를 지녔다. 멀고 먼 시간에 일어난 사건이라 여기기엔 여전히 지금의 우리 삶 깊숙이 영향을 끼치는 것들이 많다.

　케이팝과 유튜브, 미래기술들로 이루어진 지금 이 시간도 언젠가는 역사의 뒤안길에 놓일 것이다. 그러한 연결의 의미를 아이들이 보고 듣고 만지고 체험하며 생생하게 느꼈으면 좋겠다.

전집 읽기

　우리 도서관에서는 매월 마지막 주 일요일 전집 대출 서비스를 진행한다. 이용자들에게 인기가 많아 매번 온라인 신청이 빠르게 마감되는 편이다. 전집 대출 당일에는 캐리어는 물론, 커다란 마트 장바구니를 옆구리에 낀 부모들이 서가 사이사이 위치한 전집을 양손 가득 들고 줄을 선다. 그뿐만 아니라 인기 있는 출판사 전집 시리즈, 신간 전집 시리즈는 항상 희망도서 목록에 올라오는 편이다. 인성, 철학, 사회, 과학, 전래동화, 명작동화 등 다양한 종류로 구성된 전집은 부모 입장에선 아이의 인지 발달과 편의성을 고루 고려한 고마운 책일지도 모르겠다.

그런데 아이들은 좋아하는 책을 여러 번 읽기도 하고 흥미 있는 분야의 책만 보는 경향이 있다. 책읽기 활동을 본격적으로 두루 탐색하기에 앞서, 일단 재미있다고 느끼는 도서만 치우쳐서 읽는 것이다. 전집은 아무래도 분야별로 균형을 맞춘, 고른 독서를 지향하는 장르다 보니 부모들은 보통 아이의 편독 습관을 조정해보려고 전집을 구입한다. 다만 구성이 완벽한 전집을 통해 고른 인지 발달을 추구한다는 점은 다소 의문이다. 예를 들면 뷔페 음식은 종류는 많지만 그 양과 질은 매번 일정한 상태를 유지하지는 못한다. 전집은 분야별 구성과 모양새를 위해 기획된 출판물이다 보니 한 권 한 권 최상의 질을 갖추고 있지는 않다. 오히려 반복해 읽는 양질의 단행본 한 권이 깊이 있는 독서로 이어지기 쉽다는 이야기다.

어릴 적 전집 유행에 따라 우리 집에도 몇 질의 전집이 서가를 차지했던 기억이 난다. 색색으로 자리한 전집 중 어떤 것은 읽고 어떤 것은 결국 그대로 헌책이 되었다. 그보다는 너무 재미있어 몇 번이고 읽은 책들이 손때가 가득 묻은 채 인생에 중요한 친구가 되었다. 결국 누군가를 풍요롭게 만든 독서 경험은 얼마나 많이 읽었느냐보다는 얼마나 깊이 읽었는가에 좌우된다는 말이다.

한 마을 독서문화가 마을의 아이를 키운다

서미경
한국독서로연구소 대표

　아이가 생애 처음으로 책을 만나는 곳은 가정입니다. 그리고 가정에서 부모는 아이의 첫 교사입니다. 책으로 어떤 경험을 주었는지, 어떤 대화를 했는지, 어떤 감정을 보여주었는지와 같은 부모 교사의 독서태도가 곧 아이의 독서모델이 되지요. 취학 전 가정에서 가진 독서경험은 아이의 학창시절과 어른으로서 삶을 사는 데 갖춰야 할 읽고 쓰는 능력과 언어의 기초를 제공한답니다. 이것이 가정 독서 환경이 갖는 놀라운 힘입니다.

　그래서 부모의 걱정도 시작됩니다. 어떤 환경을 만들어주는 것이 좋을까? 대부분 물리적 환경조성을 먼저 꼽습니다. 책장이 있는 거실, TV 없는 거실, 도서관과 서점 나들이, 정기적인 책 읽어주는 시간 등은 고전적인 좋은 독서 환경 만들기 움직임입니다. 여기에 책읽기 맛을 몇 배나 올려주는 가장 중요한 요소는 정서적인 환경입니다. 책을 읽어주는 따뜻함, 만족감과 자신감, 성취감, 호기심 등을 풍부하게 느끼게 하는 긍정적인 독서경험입니다. 즉, 분위기죠. 카페에 퍼진 커피 향과 소품이 어우러진 감성적 분위기에 카페를 찾는 것처럼. 이런 강점을 지닌 가정에서 자란 아이들은 책을 평생 친구로, 책을 즐길 줄 아는 평생 독자가 되겠죠?

　그런데 고민입니다. 강점을 가진 가정 환경을 위해 노력하는데 집을 벗어나면 독서 환경이 내 집 같지가 않습니다. 함께 책을 읽을 친구가 없고 책을 읽으면 혼자가 되고, 심지어 '책따'가 되기도 하는, 누구나 책읽기를 인정하고 함께하는 분위기가 아니라는 것을 느끼지요. 집 밖은 위험한 곳인가요? 외부 환경을 차단하고 독박 독서육아를 할 수도 없고, 아이의 친구 몇몇과 만든 독서 환경에서만 지내도록 활동반경을 제한할 수도 없고. '집 밖은 위험해!' 환경에서 꿋꿋하게 독서 자생력을 키우라 할까요. 독서 강점을 키우는 가정 환경을 만들수록 가정독서는 연락선 끊긴 섬이 되는 것 같아 고민입니다. 이럴 때 우린 '한 아이를 키우기 위해 한 마을이 필요하다'란 말이 실천되길 바랍니다.

'나는 문학책은 많이 읽은 것 같은데 저기 사회 문화 영역은 많이 못 읽은 거 같아, 라고 말하는 아이', '처음에는 책을 뽑아만 오고 집중을 못 했는데 옆에서 언니 오빠들이 책 읽는 모습에 자극을 받아서 점점 자리에 앉아서 책을 읽게 되는 아이', '자기보다 더 어린아이도 책을 고르러 분주히 다니고 삼삼오오 모여 종알대며 토론하는 친구들을 보며 나도 가서 책 찾아도 되지, 라고 묻는 아이.'

사례에서 발췌

'취학 전 천 권 읽기' 독서운동에 참여한 아이들의 이야기입니다. 집 밖에서도 책으로 이런 이야기를 하는 아이들이 존재할 수 있게 만드는 것이 '한 마을이 한 아이를 키우는 것'이라고 봅니다. 어떻게 저런 이야기가 가능할까? 천 권 읽기 독서운동은 꾸준한 책읽기의 효과를 우선으로 두지만 그보다 더 큰 효과는 도서관과 유치원, 가정이 연결된 긍정적인 책 읽는 공간을 제공해주는 것이라고 봅니다. 책 읽는 모습을 인정받고 책 친구가 있는 공간이 가정에서만, 유치원에서만으로 끝나는 것이 아닙니다. 관내 여러 곳의 도서관, 유치원, 가정으로 연결됩니다. 이 연결된 공간에선 아이가 읽은 책은 어느 곳에서 읽은 책이든 차곡차곡 기록됩니다. 이 공간에서 책 읽는 아이는 인정받고 자부심을 얻고 성취감을 느끼는 긍정적인 독서경험을 하게 됩니다. 집 밖에서 책 읽는 모습을 인정해 주는 장소가 늘어날수록 책 읽는 우리 집 공간이 늘어나는 것이지요. 이 효과가 가장 멋진 일입니다.

　걱정은 천 권 읽기가 갖고 있는 양적인 뉘앙스입니다. 그런데 양적 부담감과 양적인 목표를 잡는 것은 누구일까 생각해보게 됩니다. 아이는 천 권이란 양의 감이 있을까? 어느 정도의 양인지, 어느 정도 읽어야 하는지 모를 겁니다. 내일과 내일모레 구분이 잘 되지 않는 취학 전 아이들이 천 권을 향해 미래지향적인 목표를 잡기도 힘들 것 같습니다. 아이에겐 천 권은 그냥 '천 권' 글자일 뿐입니다. 천 권이란 양에 양의 탈을 쓴 욕심을 품는 것은 어른일 수 있습니다.

　천 권을 읽을 때까지 아이들을 끌어당기고 채근할 수 있을까? 이런 생각으로 책읽기를 시작한다면 아마 시작하기도 힘들 것입니다. 이럴 땐 아이가 지혜롭네요. 주변을 보니 책을 고르는 언니 오빠가 있고 책을 들고 다니며 도장 찍는 친구가 그냥 부럽습니다. 그 도장을 천 번을 찍어야 한다는 것도 재밌고 인정받는 그 경험이 해보고 싶을 뿐입니다. 시작은 그렇게 일어나죠. 그리고 스스로 책을 정하고, 나 혼자 보기도 하고, 다른 분야의 책도 기웃거리고, 읽고 나면 무엇을 기웃거렸는지 적어두고 도장도 받고, 도장을 받는 것을 친구에게 자랑하고 뿌듯해하지요. 책을 어떻게 읽었든 책을 만났다는 것 자체를 인정해주는 성취감. 그리고 그런 공간, 그런 마을의 분위기가 아이에게 책 읽는 행위를 즐거운 일이 되게 합니다.

사회적인 분위기와 가정은 밀접한 관련이 있습니다. 어떤 가치를 중요시하는 사회인가에 따라 가정도 영향을 받고 나아가 그 사회에 살고 있는 구성원도 영향을 받습니다. 독서를 가치 있는 일로 허용하는 사회라면 어떨까요? 그런 분위기를 만들어주는 사회라면 어떨까요? '한 마을 독서문화가 마을의 아이를 키운다.' 그런 독서문화를 꿈꿔봅니다.

2부

도서관과 함께 자라는 사람들

1장

책 캐리어를 끄는 사람들
: 부모편

캐리어를 끄는 부모들

한국도서관협회에서는 매년 '책 읽는 가족상'을 시상한다. 이 '책 읽는 가족'은 각 도서관에서 사서들이 선정하여 명단을 제출하는데, 1년 동안 도서관을 활발히 이용한 가족들이 대상이다. 책 읽는 가족의 후보를 선정할 때 사서들이 고려하는 몇 가지 조건이 있다.

첫째, 모든 가족 구성원이 도서관 회원 카드를 갖고 있을 것
둘째, 대출 책 수가 많은 편일 것
셋째, 부모의 계정(특히 아빠)이 아이 책을 왕창 빌려가기 위해 만든 유령계정이 아닐 것

넷째, 부모도 책을 읽는 성실하고 친절한 이용자일 것

결국 여기서 포인트는 부모의 역할이다. 아이만 주야장천 독서를 시키는 부모가 아니라, 함께 책을 읽고 도서관을 즐기는 부모여야 한다. 도서관에서 찬찬히 부모를 관찰하다 보면 아이보다 더 도서관을 적극 활용하는 부모가 있는가 하면 겨우겨우 의무감에 도서관을 찾는 부모도 있다.

최효찬 작가가 쓴 《5백년 명문가의 독서 교육》에서 김만중의 일화를 보면 부모의 역할이 얼마나 중요한지 알 수 있다. 조선시대의 문신 김만중은 한글 소설 《구운몽》, 《사씨남정기》 등을 집필한 조선 최고의 베스트셀러 작가다. 병자호란 중에 태어나 편모슬하에서 자랐는데, 김만중의 어머니 윤씨 부인은 홀로 두 아이를 기르면서 단 하나 독서교육에 매진했다고 한다. 김만중 이야기에서는 특히 아이에게 책을 읽어주며 글의 뜻을 들려주는 '구송口誦'의 중요성과 더불어, 부모가 먼저 역할 모델을 가질 것, 부모가 아이의 멘토 역할을 할 것이 강조되고 있다. 400년 후의 대한민국에서도 여전히 독서교육의 중요성을 부모에게서 찾는 것을 보니, 정말이지 이만한 정도正道가 없다.

취학 전 천 권 읽기는 무엇보다 가족의 역할을 중요시하는 프로그램이다. 이 프로그램에 참여하려면, 부모도 마찬가지로 아이와 함께 천 권의 책을 읽어 나가야 한다. 그런 이유로 도서관에서는 아이를 대상으로 한 프로그램뿐만 아니라 부모들을 위한 프로그램도 상당수 기획한다. 중랑숲어린이도서관에서 운영하는 '도서관에서 키우는 우리 아이 프로그램(약칭: 도우리 프로그램)'은 매번 다양한 주제를 통해 부모의 독서교육 틀을 잡는 프로그램으로 인기가 많다.

특히 '그림책 보물을 찾는 법' 같은, 그림책을 깊게 들여다보고 지도하는 법을 알려주는 수업은 시간이 지나면 참여하는 부모들이 더 그림책에 감화된다. 바로 이 점이 성공적인 독서 육아의 포인트가 아닐까 싶다. 부모의 모범을 바라는 것에서 좀 더 발전한 성공적인 모델은 바로 '부모가 먼저 즐기는 것'이다. 내가 좋아하고 사랑하는 사람이 좋아하고 즐거워하는 일은 함께하고 싶어지는 법이다. 하물며 부모는 아이의 세상이라는데, 부모가 즐겁고 재미있어한 일들을 함께하는 것을 어떤 아이가 마다할까?

우리 도서관에는 이런 사례도 있다. 책 육아 맘에서 강사까지 이르게 된 엄마들의 이야기다.

중랑숲어린이도서관의 메인 독서동아리인 '팝업나무'는 책 육아 프로그램의 일환으로 운영된 '업사이클링 팝업 그림책'을 계기로 시작된 동아리다. 그림책은 특수 코팅이 되어 있어서 재활용이 어려운 소재인데, 업사이클링 팝업 그림책 팝업나무는 이러한 폐그림책을 가지고 새로운 예술작품으로 승화시킨다. 그냥 버려질 도서관의 책들은 팝업나무 어머니들의 손에서 새로운 작품으로 태어나기도 하고, 아이들에게 그림책에 관한 관심과 사랑을 불러일으킬 좋은 재료로 사용되기도 한다.

업사이클링 팝업북은 손재주도 물론 중요하지만, 그림책을 표지부터 면지, 내용까지 면밀하게 뜯어보고 내용을 숙지하는 것이 제일 중요하다. 책의 내용과 삽화를 통해 이야기를 재구성하거나 재창조해야 하기 때문이다. 그래서 그림책 연구는 이 동아리의 주요한 활동이다. 엄마들이 먼저 그림책을 사랑하고 즐기는 모습에 아이들은 자동으로 감화된다. 이 팝업나무 구성원 중에는 취학 전 천 권 읽기를 마친 아이의 어머니들도 꽤 있다. 팝업나무 외에도 도서관에는 아이에게 책을 읽히다 그림책의 매력에 빠져들어 10여 년 가까이 독서활동가로, 이제는 저명한 강사로 활동하는 선생님들도 상당하다. 독서가 완전히 새로운 삶을 살게 한 사례다.

이런 변화는 엄마들뿐만이 아니다. 취학 전 천 권 읽기를 마친 가족의 인터뷰를 보다 보면, 아빠 이야기도 만만치 않다. 취학 전 천 권 읽기 과정을 통해 누구보다 아빠들이 더 많은 변화를 맞았다는 것이다. 처음에는 버벅거리면서 아이에게 책 한 권 읽어주는 것도 어색해하던 아빠들은 어느새 너무 능숙한 구연가가 되었다. 이미 많은 연구에서 아버지가 육아에 관여할수록 교육적 성취가 높아진다는 결과를 밝힌 바 있다.

짐 트렐리즈와 신디 조지스가 저술한 《아이의 두뇌를 깨우는 하루 15분 책 읽어주기의 힘》에서는 무엇보다 아버지의 역할을 강조한다. 특히 남자아이를 성공적인 독서가로 키우는 데는 '책 읽는 아버지'의 역할 모델이 필요하다는 점을 이야기한다. 현재 대한민국의 10대에서 30대까지의 베스트셀러나 독서량, 여성에게 유독 집중된 출판 시장을 생각하면 어느 정도 타당한 지적이 아닐까 생각한다. 책 읽는 아빠가 책 읽는 아들을 만든다.

유대감과 편향의 문제도 있다. 책을 함께 읽는 과정은 자녀와 부모의 깊은 유대감을 쌓는 과정이다. 가족 구성원 중 누구 한 사람보다 가족 모두가 함께 책을 읽을 수 있는 환경을 만드는 것은 매우 중요하다. 책을 매개로 한 아이를 향한 오롯한 관심과 시간은 아이에게 책에 대한 긍정적인 경험을 쌓아준다. 어린 시절 읽었던 책의 내용은 비록 잊어버릴지라도 부모가 읽던 책을 쌓아놓은 책상 위의 모습, 함께 책을 꺼내 들던 순간은 기억 속에 한 장의 사진으로 남는다. 이런 평화롭고 일상적인 어린 시절의 작은 조각들이 책을 낯설지 않게 만드는 것이다.

하지만 부모 역할의 중요성을 인지했다 해도, 책이라는 매체에 면역이 없는 상태라서 책 육아를 주저하는 부모가 많다. 반복해서 강조한 것처럼, 흥미 없는 독서는 오히려 독이 된다.

아이를 꼭 이끌어줄 필요는 없다. 책의 가장 위대한 점은 글을 모르는 이에게는 글을 알려주고, 글을 아는 사람이라면 언제든지 시작할 수 있고, 그것에 나이나 성별이나 인종 등의 제약이 없는 매체라는 점이다. 독서를 잘하지 못하는 사람이면 아이와 함께 시작하면 된다. 아이와 읽는 일이 익숙해지면 그때부터는 온전히 '나'로서 책과 만날 준비가 된 것이다.

아이와 함께 그림책 읽기를 시작했으니, 그림책을 사랑하고 예찬하는 어른을 위한 그림책 에세이를 읽어보는 것도 좋다. 관심 있는 분야의 육아서를 읽는 것도 방법이다. 책에서 책으로 차츰 행동반경을 넓혀본다. 그러다 보면 결국 나의 흥미와 관심에 도달하게 된다. 베스트셀러처럼 다수의 호응과 함께해도 좋다. '이런 책은 재미있고, 이런 책은 재미없네'라고 생각하는 순간, 취향이 생기고 책장 곳곳으로 손길이 뻗친다. 그렇게 책들 사이를 활보하다 보면, 책이라는 요소로 잘 짜인 그물침대에 고요히 몸을 뉘는 것 같은 때가 오는데, 그때가 바로 책과 사랑에 빠지는 순간이다.

취학 전 천 권 읽기와 관련된 프로그램을 진행하면서 많은 부모를 만났는데, 프로그램 말미에는 "아이를 가르치려고 참가했는데 제가 위로받고 힐링받는 느낌이었어요"라고 말하면서 눈물을 보이는 부모들이 꼭 있다. 이런 후기를 들을 때면 나는 책에 대한 애정을 더더욱 감출 수 없다. 책에 대한 무수한 명언 중에는 다른 사람의 인생을 여러 번 살 수 있다거나, 비판적이고 새로운 시각을 갖게 해준다거나 하는 것들이 있다.

결국 핵심은 책의 '환기' 기능이다. 차창을 열어 공간을 환기하는 것처럼, 우리의 삶도 정기적이고 꾸준한 환기가 필요하다. 그렇게 할 수 있는 가장 손쉽고도 영향력 있는 방법은 바로 독서다. 환기는 또한 균형을 잡는 일이다. 독서는 내가 가진 아집이나 편견을 잠시나마 돌아보고 생각할 수 있게 해준다. 그래서 책은 아이와 부모가 함께 성장하기 좋은 최고의 매체인 것이다.

아이가 책을 읽는 것도 중요하지만, 나는 더 많은 부모가 책과 사랑에 빠지기를 바란다. 잠자기 전 천 권 읽기가 아이뿐만 아니라 부모를 책의 세상으로 인도하는 작은 계기가 되었으면 좋겠다.

천 권으로 가는 테마 독서법

그림책 읽는 법, 그림책으로 대화하는 법

취학 전 천 권 읽기의 대상인 5세에서 7세까지의 어린이들은 저마다 독서 수준이 다 다르고 전방위 그림책 독서를 할 수 있는 연령기이기도 하다. 무엇보다 한글을 깨치는 시기로 독서의 영향력이 가장 가시적으로 드러나는 시기다. 그림책은 그림과 글, 때로는 들리지 않는 소리까지 담긴 종합 예술 분야로, 이러한 아동 발달 과정에 현격한 공을 세우는 매체다.

그러면 그림책은 어떻게 읽어야 할까? 사실 그림책을 처음 접하는 부모들은 어떻게 읽어주어야 할지 가장 난감해하고 궁금해한다. 그러나 몇 가지 팁과 약간의 어색함만 벗어나면, 부모도 금세 빠져드는 것이 그림책이라는 장르가 아닐까 생각한다.

표지와 면지를 놓치지 말기 그림책 읽기의 첫 단계는 제목과 표지를 읽는 것이다. 그림책은 크게 표지, 면지, 본문, 뒤표지로 나뉜다. 그림책은 이러한 요소 하나하나가 중요한 요인으로 작용한다. 특히 표지에는 책의 성격이나 내용을 암시하는 요소들이 담겨 있다. 본문의 하이라이트 부분을 노출하거나, 책의 주제, 사건의 요약, 서사의 성격 등이 실리기도 하고, 재미있는 부분은 영화의 프롤로그나 에필로그처럼 본문의 앞머리나 외전 역할을 하기도 한다. 앞표지와 뒤표지를 180도로 펼쳐 연결해서 보아야 비로소 하나의 표지가 등장하는 경우도 있다.

때문에 표지를 읽는 것은 그림책을 고를 때도, 아이의 흥미를 끌 때도 가장 중요하고 매력적인 과정이다. 단지 표지만으로도 아이와 나눌 이야기는 수십 가지다. 제목을 읽고 표지에서 어떤 이야기가 나올지 아이에게 간단한 질문을 하는 것으로 아이는 본격적으로 이야기 열차에 몸을 싣는다.

"이 책의 이름은 ○○○이야", "이 책은 네가 좋아하는 ○○을 만든 사람이 지은 책이야"처럼 제목과 작가를 알려주면서, 책 자체에 대

▲ 《행운을 찾아서》의 앞표지와 뒤표지

한 이해와 연계 독서를 돕는 것도 좋은 방법이다. 앞표지와 뒤표지라는 요소를 적극적으로 활용한 그림책으로 세르히오 라이를라의 《행운을 찾아서》가 있다. 이 그림책은 행운이나 불행이의 이야기를 각각 앞표지와 뒤표지에서 시작하는 것으로 다룬다. 사실상 앞표지가 2개인 셈이다.

이 책은 파란색 제목의 행운이 이야기, 빨간색 제목의 불안이 이야기, 총 2번 책을 읽어 내릴 수 있다. 그러나 두 이야기는 장면 장면마다 연결되어 있다. 책을 또 한 번 읽으며 숨은 그림 찾기처럼 책 속에 등장한 각각의 주인공들을 찾아보는 묘미가 있는 그림책이

2부 도서관과 함께 자라는 사람들

다. 또한 이 표지는 영화로 따지면 예고편의 첫장면이라고 할 수 있다. 표지를 통해 주인공을 찾아보고 주인공들이 어디로 가는지, 무슨 일이 벌어질지 이야기 나누는 것도 책을 시작하기에 좋은 방법이다. 두 표지 중 어느 쪽부터 읽어 내려갈지 선택하는 것도 아이의 몫으로 남겨둠 직하다.

모디캐이 저스타인의 《쌍둥이 빌딩 사이를 걸어간 남자》도 표지 읽기를 빠뜨린다면 그림책의 큰 재미를 놓칠 수 있는 그림책이다. 뉴욕의 쌍둥이 빌딩을 줄 하나로 연결한 채 걸어간 필립 쁘띠라는 프랑스 출신의 줄타기 달인의 이야기를 담고 있다. 앞표지만 보면

◀《쌍둥이 빌딩 사이를 걸어간 남자》의 표지

약간은 의아할 수 있는 그림책 표지는 책을 180도 펼쳤을 때 그 진가가 발휘된다.

표지와 더불어 면지도 그림책을 읽을 때 빼놓지 않고 확인해야 할 요소 중 하나다. 면지는 서사적인 측면에서 그림책 속 배경이나 사건 등과 관련되어 텍스트의 의미를 보완하거나 확장하는 역할을 하기도 한다. 사실 면지는 표지와 본문을 연결하는 제본 과정에서 필요한 아주 실용적인 요소다. 연극 무대라고 치면, 일종의 막과 같은 장식적인 역할을 겸하는 것이다.

면지는 일반적으로 단순한 색지로 그림책을 통괄하는 색감적 분위기를 묘사하는 경우가 많다. 가을이 주제라면 주황색이나 갈색,

비가 주제라면 파란색 색지로 넣는 것이 그렇다. 앞뒤 면지가 색지가 아닌, 그림이 들어가는 경우도 있다. 앞뒤 면지에 같은 그림으로 그림의 주요한 요소들이 패턴처럼 들어가 있는 경우에는 책의 메시지를 보충하거나 주제를 나타내는 경우가 많다. '딸기'가 주제인 그림책의 면지에 단순한 딸기 패턴이 들어가 있는 것이 그런 예다. 아자벨 미뇨스 마르틴스의 《아무도 지나가지 마!》의 면지는 그림책 본문에서는 미처 소개하지 못한 등장인물들의 소개가 나온다. 등장인물 하나하나를 향한 작가의 귀여운 애정이 느껴진다.

가장 유의할 면지는 바로 앞뒤 면지가 서로 다른 그림일 경우이

▲ 《아무도 지나가지 마!》의 면지

▲ 《누군가 뱉은》의 앞면지

다. 이런 경우는 면지에서 바로 본문을 시작하고, 시간의 경과나 갈등의 해결 혹은 본문의 내용을 압축적으로 보여주기도 한다. 작가 경자의 그림책 《누군가 뱉은》은 면지에서부터 그림책이 시작하고 끝나는 대표적인 예다. 특히 뒷면지는 일종의 에필로그로 장식되어 있다. 《누군가 뱉은》은 남에게 상처 주는 말을 하는 것에 대한 주의를 기발한 상상력으로 표현한 그림책이다. 나쁜 말은 까만 모양의 방울들이 되어 나타나는데, 뒷면지에는 이런 방울이들의 에필로그도 담겨 있다.

예술작품 전시를 관람할 때 작품 자체도 중요하지만, 작품이 전시된 공간이나 조드, 배경음악도 아주 세심하게 장치된 요소들인 것처럼, 그림책도 마찬가지다. 표지와 면지를 놓치지 않는다면, 그림책 읽기는 이전보다 훨씬 풍부해진다.

그림책의 그림 읽기 그림책을 처음 읽다 보면, 강박적으로 그림책 하단이나 귀퉁이에 몰린 글만 후다닥 읽고 끝내는 경우가 많다. 이러한 그림책 읽기는 사실 그림책을 절반도 읽지 않는 것과 같다. 그림책이 글 책과 가장 큰 차이가 있는 부분은 바로 글이 표현하지 않은 세세한 부분까지 정보를 담아 이야기의 플롯과 배경, 인물을 묘사함으로써 글을 넘어서서 이야기를 확장한다는 것이다.

그림은 글에서 부분적으로 언급되거나 불확실한 이야기를 구체화하는 기능이 있다. 특히 그림책에서의 그림은 책 속 인물들의 움직임, 이야기의 연속성, 사건들을 한 장면에 쉽게 표현함은 물론, 다양한 시점에서 이야기를 바라볼 여지를 준다. 때문에 그림책에서는 무엇보다 그림을 읽는 것이 중요하다.

팻 허친스의 《로지의 산책》은 그림책에서의 글과 그림의 역할을 가장 잘 보여주는 책이다. 이 책에서 글과 그림은 상당히 다르게 이어진다. 책의 내용은 암탉 로지가 저녁 산책을 나서는, 아주 평범하다 못해 평화로운 이야기이다. 그러나 그림은 글과는 달리 아주 긴박하다. 그림책에서는 로지의 뒤를 호시탐탐 여우가 쫓는다. 하지만 글에서는 오직 암탉 로지의 행동만 묘사할 뿐이다. 아마도 아이들은 이 책을 읽으면서 로지에게 구조신호를 계속해서 보낼지도 모른다. 저녁 산책을 마치고 집에 돌아온 로지를 보며 안도의 한숨을 내쉴 수도 있다. 이런 모순적인 구성이 그림책에게 새로운 의미를 부가한다.

▲ 《로지의 산책》 중 일부

그림 한 장으로 시점을 달리해 아이가 여러 가지 이야기를 만들어볼 수 있는 그림책도 있다. 아드리앵 파를랑주의 《곧 이 방으로 사자가 들어올 거야》는 실체 없는 두려움이라는 주제로 쓰인 그림책이다. 그림책이 전달하는 메시지도 중요하지만, 독특한 구조가 아이들에게 재미를 느끼게 한다.

선과 면으로 구성된 방에 인물들이 하나씩 하나씩 들어오면서 내용의 시점이 바뀐다. 생쥐에서 아이로, 또 다른 아이에서 어떤 소녀로, 소녀에서 개로, 개에서 새로 바뀐다. 어떤 인물들이 이 방에 숨어 있는지 세어보는 재미도 있다. 그리고 그림책의 원래 시점대로 쭉 읽어가고, 그다음에는 첫 번째 아이의 시점에서 그림책을 다시 보고, 그다음에는 개의 시점에서, 그다음에는 이 방에 계속 있던 거미의 시점으로 아이를 유도한다. 그렇게 되면, 그림책의 이야기는

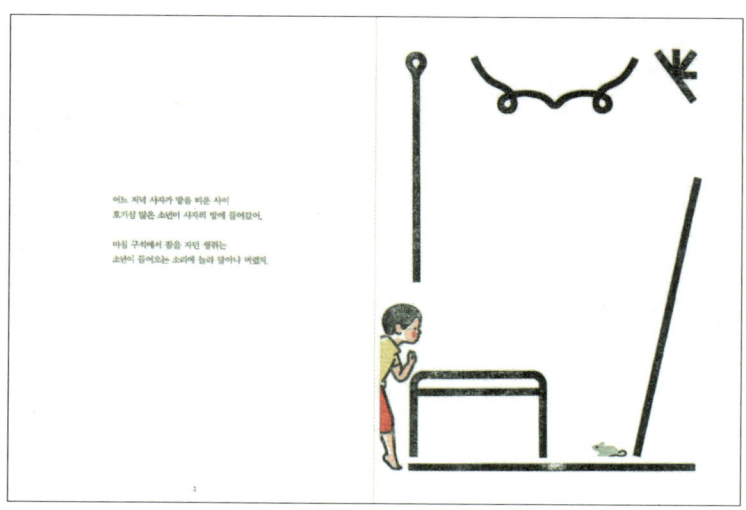
▲ 《곧 이 방으로 사자가 들어올 거야》 중 일부

아이의 상상력으로 확장되고, '개작'과 '패러디'라는 전혀 다른 장르로의 초대가 가능해지는 것이다.

　글 없는 그림책도 마찬가지다. 그림만으로 이야기를 이끌어가는 그림책만큼 읽어주기 어려운 장르가 또 있을까? 그러나 사실 읽어주기에는 이만큼 쉬운 그림책도 또 없다. 그저 그림을 보며 아이와 수다를 떨면 그만이니까. 아이들은 어른보다 그림에 더 익숙하므로 그 능력이 어른보다 더 세심하고 탁월하다. 글이 없으면 아이들은 오히려 집중하고 상상력을 발휘해 새로운 이야기를 만든다.

　아이가 혹시 어려워한다면, 각 지면의 삽화를 탐구해보는 것도 좋다. 등장인물을 찾고 등장인물이 무엇을 하고 있는지 이야기해보자. 제약 없이 등장인물의 행동, 사건, 감정을 좇다 보면 어느새 훌륭한 이야기 한 편이 완성되어 있을 것이다. 글 없는 그림책은 정해진 답도, 제한도 없는 모두를 위한 그림책이면서 아이의 상상력을 키우고 보호자와의 유대감을 높일 수 있는 좋은 소재다.

그림 읽기가 어려운 것은, 사실 보호자가 서둘러 책장을 넘겨버리는 까닭에 있다. 그림을 읽을 때 가장 중요한 점은 아이가 천천히 그림을 읽어 내릴 수 있도록 보호자가 기다려주어야 한다는 것이다. 그림을 읽는 감각은 사실 어른보다 아이들이 더 기민하여 누가 지도해주지 않아도 자연스럽게 그림을 읽는다. 함께 즐기고 싶은 그림을 가리키거나 아이의 호응에 적절한 리액션을 해주는 것만으로 충분하다.

적극적인 액션으로 읽는 그림책 그림책을 읽을 때 대부분 보호자가, 특히 아버지들이 어려워하는 이유는 아이에게 책을 연극체로 읽어줘야 한다는 부담감일 것이다. 중랑숲어린이도서관은 종종 낭독 수업을 개최하는데, 그런 고민으로 참여하는 부모가 많다. 물론 이것은 아이와 함께 읽어가는 책이 늘어갈수록 어느 정도는 해결되는 부분이다.

그림책 읽기의 초보이고 책을 읽을 때 적극적인 액션이 힘든 부모라면 2가지 키워드만 생각하면 된다. 의성어와 의태어를 집중해서 읽어주는 것, 소리와 동작을 아이가 따라할 수 있도록 하는 것이다.

그림책을 읽고 난 후 아이가 놀랍도록 어휘력이 늘었다고 생각되는 지점이 바로 의성어와 의태어 그리고 감정을 표현하는 단어를 사용했을 때다. 그만큼 그림책은 해당 단어들을 습득하기에 최고인 매체다.

의성어와 의태어를 읽어줄 때는 조금 더 과장한다. 감정을 나타내는 용어들도 마찬가지다. 엉엉, 슬픔, 뭉클, 쿵쿵, 깔깔, 호호 등등, 보호자의 표정과 몸짓으로 아이들은 더 빨리 어휘를 습득한다. 또한 이렇게 반복되는 언어들, 주인공의 표정이나 행동을 아이에게 따라하도록 유도해본다. 그림책 읽어주기가 그림책 함께 읽기가 되는 순간, 그 효과는 더 높아진다.

열린 질문 하는 법 그림책을 읽어주는 것은 아이와의 상호작용에 필요한 활동이다. 그리고 질문은 이 상호작용의 가장 기본적인 도구이다. 그림책을 읽을 때 고정적으로 하게 되는 몇 가지 질문이 있다.

- 이야기를 예측하는 질문(이 다음은 어떻게 될 것 같아?)
- 비판적 사고를 키우는 질문(등장인물이 왜 그랬을까?)
- 개인의 체험을 연결하는 질문(우리도 이것과 비슷한 일을 한 적이 있지?)
- 이야기를 변주하는 질문(만약 너라면 어떻게 할까?)

딱히 정답이 없는 이런 열린 질문에 대답하면서 아이는 공감 능력, 사고력, 말하기 기술들을 증진한다. 다만 중요한 것은 보호자가 이런 질문에 대한 대답을 꼭 학습이나 교훈 등과 연관시키려 하지 말아야 한다는 점이다. 책이 시험처럼 느껴지면 아이는 읽기로부터 더 멀어진다. 질문도 천천히 한다. 꼭 많은 질문을 할 필요는 없다. 아이가 충분히 책에 대해 생각할 수 있도록 천천히 읽는 것, 무엇인가를 가르치기보다는 항상 함께 읽는다는 태도로 임하는 것이 아이와 그림책으로 소통하는 최고의 방법이다.

읽기 후에는 질문보다 여유! 예전에 초등학교 1학년 아이들을 대상으로 매주 어린이 독서회를 진행한 적이 있다. 사실 그림책을 읽어준 후 함께 독후활동을 시작하기까지 상당히 고역이었던 적이 있다. "이야기 끝!" 그런 다음 무슨 말을 해야 할지 당황스러운 순간이 많았기 때문이다. "재미있었어?", "다음은 어떤 이야기가 이어질 것 같아?"라는 말도 한두 번이지 계속 같은 말을 반복한다면 아이들에게 그림책은 다음 답변을 생각해야 하는 일종의 숙제가 된다. 이런 질문이 몇 번 반복되니 아니나 다를까 결국 어떤 아이가 "선생님 그만 좀 물어보세요"라고 불평을 던졌다.

그래서 이야기를 끝낸 뒤 차라리 얼마간 쉬는 시간을 가졌는데, 약간의 여유시간을 두니 오히려 책을 가져가서 다시 그림을 쓱쓱 넘기며 친구들과 돌려보는 아이들, 비슷한 책을 예전에 읽었다면서

도서관 서가에서 찾아다 주는 아이들이 생겼다. 오늘 읽은 책 외에 수업이나 책 자체에 대해 알아서 이야기하는 아이들도 있었다. "선생님, 오늘 책은 재미가 없고 글이 많아요. 다음에는 좀 글이 적었으면 좋겠어요"라든가 "공주가 나오는 책도 읽어주세요"라든가 "그림책에 강아지가 나왔는데, 우리 집에도 강아지가 있어요" 등등, 진짜 아이들과 소통하고 책에 관해 이야기 나누는 시간은 그 여유시간이 아니었나 생각한다.

괜한 어색함에 말을 덧붙이지 않아도 된다. 아이들과의 대화는 책을 읽는 중에 몇 가지 질문이나 호응이면 충분하지 않을까?

더 넓게, 더 깊게
북 마인드맵을 펼치자!

맨땅을 지하 3m까지 판다고 생각해보자. 10cm 정도의 지름으로는 그 정도 깊이까지 팔 수 없다. '깊이 파기 위해 넓게 파기 시작했다'는 철학자 스피노자가 남긴 말이다. 책도 땅을 파는 것과 비슷하다. 깊이 읽기 위해서는 넓게 파는 수밖에 없다. 넓게 파다 보면 결국 깊게 팔 수 있다. 이런 독서의 기초 장치를 마련하는 것 중 가장 간편한 도구가 북 큐레이션이다.

북 큐레이션은 특정 주제에 여러 책을 선별해 독자에게 제안하는 것을 말하는 신조어인데, 결국 과거로 따지면 '~할 때 읽으면 좋은 책', '추천도서' 혹은 연계도서인 셈이다. 천 권으로 향하는 우리 가족의 테마 독서법 설계는 결국 우리 가족만의 북 큐레이션 설계, 즉 연계독서를 하는 것이라고 할 수 있다.

먼저 주체 찾기. 북 큐레이션의 가장 핵심적인 작업이다. 주제 찾기의 가장 간편한 방법은 마인드맵을 설계하는 것이다. 한 권에서 시작하는 꼬리에 꼬리를 무는 그림책 큐레이션은 아이가 재미있게 읽은 책 한 권에서 뻗어나가는 것이 가장 좋다. 이 방법은 출판사 전집을 한두 권 읽는 것이나 비슷한 책 두 권을 읽는 것, 아이의 의사와는 상관없는 교훈성 주제를 가져오는 것보다 아이의 흥미나 호기심, 감동이나 관심을 연이어 파악할 수 있게 한다. 주제 찾기를 할 때 가장 좋은 도구는 마인드맵을 그려보는 것이다.

예를 들어 앤서니 브라운의 《돼지책》을 읽는다고 생각해보자. 책을 읽고 생각나는 것 몇 가지를 무작위로 적어본다. 아이에 따라 더 기발한 키워드가 나올 수 있다. 아이가 유독 마음에 드는 키워드나 단어가 있다면, 그것을 타깃으로 다음 책을 정할 수 있다.

이런 식으로 꼬리에 꼬리를 물어 그림책을 뻗어나가다 보면 한 가지 주제에 몇 가지 책이 모이게 되는데, 그 책들을 모아 정리해보면 아이가 무슨 책을 읽었는지, 어떤 주제에 흥미를 느꼈는지 파악할 수 있음은 물론, 우리 아이만을 위한 북 큐레이션이 탄생한다.

주제연계도서

질문하는 우산
이게 정말 뭘까?
이게 정말 마음일까?
상자 세상
말들이 사는 나라
플레이 볼
축구왕 차공만
축구왕 이채연
고조를 찾아서
마지막 책을 가진 아이

일곱 번째 달 일곱 번째 밤
알사탕
네모 돼지
행복한 청소부
절대로 실수하지 않는 아이
슈퍼 거북
친구란 어떤 사람일까?
책에서 나온 아이들
우리는 어린이 시민
산타 할머니

만나자는 약속보다 로그인이 더 편해!
마음아 살아나라!
미움
학교 가기 싫은 아이들이 다니는 학교
돌 씹어 먹는 아이
가정 통신문 소동
다녀왔습니다
눈물 쏙 스펀지
모두 웃는 장례식
엄마의 빈자리

▲ 주제별 방사형 목록집 초등 천 권 읽기 《하루독서 네비게이션》 사례

자존감, 자아

마지막 이벤트
꽝 없는 뽑기 기계
겁쟁이
너도 잘 할수 있어
두근두근 걱정 대장
걱정 (덜어내는) 책
걱정 세탁소
오싹오싹 당근
첫말 잇기 동시집
삼행시의 달인

나의 집
위대한 깨달음
존중 씨는 따뜻해!
공감 씨는 힘이 세!
나는 물이 싫어
나는 가끔 화가 나요!
마음요리
나의 일곱 가지 감정 친구들
어린이를 위한 관계공부
감정 지도

괜찮아 괜찮아 자신감을 가져도 괜찮아
남들이 원하는 것을 바라는 나, 이상한가요?
박성우 시인의 끝말잇기 동시집
소심한 게 어때서
수염왕 오스카
누가 사자의 방에 들어왔지?
아름다운 실수
코로나 탐구 생활
바이러스를 막아라
4학년 5반 불평쟁이들
일등학원 준비반 준비반

이런 방사형 기법은 최근 도서관에서 발행한 초등 천 권 읽기《하루독서 내비게이션》에서도 활발하게 쓰였는데, 책을 정할 때 글의 양을 고려해서 한 주제에서 점점 단계를 높여가는 방식을 사용해도 좋다. 북 마인드맵을 그려보는 것 자체도 훌륭한 독후활동이 된다.

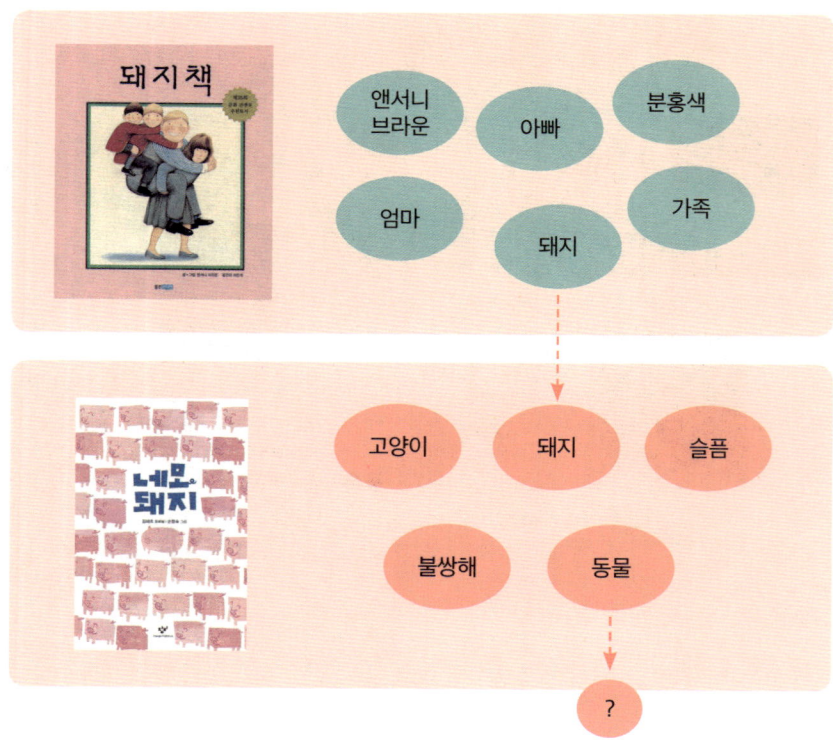

▲ 《돼지책》으로 마인드맵 그려보기

'만지작 꼼지락 그림책 도서관'
'중랑숲북클럽' 마션 독서법 따라해보기

어떻게 책을 읽을지, 무슨 책을 읽을지에 대한 고민이 끝났다면, 이제 책을 읽고 난 후에 대해 고민해볼 차례다. '독후활동'은 범위도 넓고 내용도 다양하다. 중랑숲어린이도서관에서는 그림책활동가 그룹 '그림책 정원' 선생님들을 주축으로 '만지작 꼼지락 그림책 도서관'을 약 3년째 진행 중이다. 이 프로그램은 5~7세 연령을 대상으로 진행하는 책놀이 프로그램이다. 프로그램 내용은 회차마다 다른데, 그림책을 함께 읽고 율동놀이를 하거나 만들기를 하는 등 책과 연계된 다양한 활동을 진행한다. 이런 활동은 몇 가지 방법만 깨우치면 집에서도 손쉽게 따라 할 수 있다. 그림책 정원의 양경숙 선생님이 《2020년도 취학 전 천 권 읽기 사례집》에 소개한 그림책이랑 노는 법에 대한 칼럼에서 몇 가지 포인트를 발췌하면 이런 것들이다.

    1. 책놀이를 어렵게 생각하거나 가르친다는 마음을 버리고 '아이와 논다'라고 생각하기
    2. 책을 통해 어떤 놀이를 할지 생각해보기. 아이와 놀거리를 책에서 찾아본다고 생각하고 주변에서 흔히 있는 것들을 적극적으로 활용해서 놀아보기
    3. 양육자가 원하는 방향으로 진행되지 않더라도 놀이를 제지하

지 말기. 단 원활한 놀이를 위한 몇 가지 규칙을 세우기

이 분야의 베테랑인 양경숙 선생님의 책놀이 당부 사항은 결국 책을 읽을 때의 주의사항과 별반 다르지 않다. 아이와 함께 어울리는 시간을 가진다는 생각, 책을 흥미의 대상으로 바라보는 시선, 방종으로 넘어가지 않는 범위에서 아이의 자유와 상상력을 제한하지 않는 것이 바로 유아 책놀이의 포인트라고 할 수 있을 것이다.

가장 간단한 책놀이 방법은 그림책 속의 한 장면을 그리거나 읽은 후 느낌을 표현하는 것 같은 미술놀이일 것이다. 여기서 독후놀이를 더 풍부하게 하려면, 집에 있는 종이에 재료의 가변성을 준다. 준비가 어렵다면 이미 만들어져 있는 놀이 키트를 구매하는 것도 좋은 방법이다. 아래는 사서가 직접 진행한 책놀이 프로그램의 교수안 예시이다.

김상근 글, 그림의 책 《가방 안에 든 게 뭐야?》는 가방을 메고 가는 개구리를 여러 동물이 궁금해하며 쫓아다니는 내용을 담고 있는데, 마치 애니메이션을 보듯이 연결되는 장면이 돋보이는 책이다. 다양한 등장인물이 나온다는 점 또한 아이들에게는 매력 포인트다. 《가방 안에 든 게 뭐야?》를 읽으면 절로 개구리를 흉내고 싶은 마음이 무럭무럭 자란다. 그럼 별다른 재료 없이 가방 하나만 챙겨보면 된다. 책 속 개구리처럼 지금 사는 곳을 떠나야 한다고 가정하고 꼭 가방 안에 넣어가고 싶은 것을 챙기는 것이다. 그리고 아이

▲ 《가방 안에 든 게 뭐야?》 표지

▲ 《가방 안에 든 게 뭐야?》 본문 예

와 함께 그 가방에 무엇이 들었느냐고 역할극을 해봐도 되고, 소중한 물건들을 그림으로 그려봐도 좋다. 이 과정에서 아이는 자연스럽게 책과 친해진다.

중랑숲어린이도서관이 2020년도 코로나로 인한 갑작스러운 휴관 상황에서 운영한 '중랑숲북클럽' 프로그램도 기본 골자는 이와 유사하다. 다만 북클럽 특성상, 담당 사서가 6개월간 매월 선정도서와 활동 미션을 정해준다는 점, 부모도 성인용 일반도서를 함께 읽어야 한다는 점이 다르다. 2020년도에 선정한 도서와 각 가정에 주어진 미션은 이런 것들이다.

구분	월별 주제	선정도서(어린이)	선정도서(부모)	활동 미션
6월	전염병과 관련된 책	《바이러스 빌리》 (하이디 트르팍, 위즈덤하우스)	《페스트》 (이방인, 문학동네)	도서서평 1편, 온 가족 손씻기 캠페인 홍보사진 찍기
7월	음식이 나오는 책	《내가 라면을 먹을 때》 (하세가와 요시후미, 고래이야기)	《조식: 아침을 먹다가 생각한 것들》 (이다혜, 세미콜론)	도서서평 1편, 책에 나오는 요리해서 먹기
8월	여름과 어울리는 책	《수영장에 간 아빠》 (유진, 한림출판사)	《보건교사안은영》 (정세랑, 민음사)	도서서평 1편, 우리 가족만의 여름나기 비법 소개
9월	표지가 아름다운 책	《이렇게 멋진 날》 (리처드잭슨, 비룡소)	《알로하 나의 엄마들》 (이금이, 창비)	도서서평 1편, 표지 새로 그려보기
10월	공간에 관한 책	《마음의 지도》 (비올레타 로피즈, 오후의소묘)	《공간을 만든 공간》 (유현준, 을유문화사)	도서서평 1편, 우리 가족이 좋아하는 책과 관련한 공간 소개
11월	수상 경력이 있는 책	《인어를 믿나요》 (제시카러브, 웅진주니어)	《2020년 제11회 젊은 작가상 수상작품집》 (강화길 외, 문학동네)	활동후기 1편, 우리 가족의 올해 best 10 도서 뽑기

6개월 동안 총 20가족이 함께했는데 단 한 가족도 중도포기 없이 6개월간의 여정을 끝낼 수 있었다. 해당 프로그램에 참여한 한 아버지는 "미심쩍은 불안함에 펼친 책이 따뜻하게 해주고, 다시 덮어질 때 '아 신청하길 잘했다' 하는 순간들이 참 많았다"는 후기를 남겼다. 매달 새로운 미션을 수행하면서 아이와 소통하는 시간도 덤으로 가질 수 있었다는 어머니도 있었다.

중랑숲북클럽과 취학 전 천 권 읽기에 모두 참여했던 윤서 어머니는 6개월간 책과 함께 떠난 여정을 멋진 패널로 제작하여 도서관에 선물했다. 이 패널은 한동안 도서관에 전시되었는데, 많은 분이 그 열정에 탄복하며 관람했다. 중랑숲북클럽의 취지는 가정 활동이 많아진 코로나19 시국에 가족 독서시간을 만들고, 독서를 매개로 가족이 함께할 수 있는 놀이를 만들자는 것이다. 천 권 읽기의 번외 프로그램으로 운영된 행사인 셈이다. 다행히 참여자들에게서 매번 좋은 후기와 칭찬을 들었고, 매월 가족에게 보내는 북클럽 안내문과 책을 포장하면서도 업무를 넘어 책을 통해 사람들과 연결되는 기분이 들었던 프로그램이었다. 낯모르는 제공처인 나도 이럴진대, 책을 함께 읽고 함께 미션을 수행한 가족의 연대감은 이루 말할 수 없었을 것이라 조심스레 추측해본다.

중랑숲어린이도서관에서 진행한 대표적인 가족독서 사례를 들었다. 사실 책으로 할 수 있는 일은 이보다 더 무궁무진하다. 가정에서 더 좋은 아이디어가 나오기도 한다. 책 한 권을 읽고 여행을 떠나는 일도 좋다. 본격적으로 책이 삶의 일부로 들어오는 경험이 될 테니.

이렇게 책과 익숙해진 아이들은 고민이나 궁금한 점이 생기면 가장 먼저 책을 찾는 아이로 자란다. 책으로 답을 찾는 습관은 스마트폰으로 답을 찾는 시간보다 몇 배의 사고력과 두뇌 회전이 필요하다. 그리고 책으로 잘 찾는 아이들은 인터넷에서도 훨씬 양질의 답을 찾는다. 기술의 문제이기보다는 정확히 문제를 파악하고 알맞은 답을 구하는 연습을 책에서 더욱 잘 할 수 있는 것이다. 앞선 모든 과정은 결국 아이를 삶에서도 알맞은 답을 구할 수 있는 어른으로 키우고자 함이 아닌가 하는 생각마저 든다.

사서가 알려주는
도서관에서 책 육아 500% 누리기

얼마 전 도서관으로 문의 전화 한 통이 왔다. 전화의 요지는 '도서관을 이용하려면 돈을 얼마나 내야 하나요?'였다. 사실 이러한 문의는 도서관 데스크에 앉아 있다 보면 정말 많이 받는다. 성인자료실이 포함된 도서관은 대부분 평일에는 오후 10시까지 운영하는데, 운영 시간 문의에 오후 10시라고 답하면 그렇게 늦게까지 여느냐고 깜짝 놀란다. 주말이면 오늘 도서관 여는 날이냐고 물어보는 전화가 하루 10통 이상 오기도 한다.

아직까지 많은 사람에게 도서관은 조용히 개인 공부를 해야 하는 독서실 내지는 과묵한 공공기관 중 하나인 듯하다. 하지만 그동안 도서관은 사실 이러한 편견을 깨기 위해 부단히 노력해왔다. 도서관의 설립목적은 어떤 시설 자체라기보다 '독서 진흥'과 시민들의 '일상적 정보 요구' 해결을 위한 기관에 있다. 또한 도서관은 시민들의 정보격차 해소와 독서 증진을 위한 의무를 지닌 곳이다.

도서관 사서들은 이러한 목적과 의무를 위해 고등교육기관에서 특정 교육과정을 필수적으로 이수하고 국가로부터 자격증을 취득한 사람들이다. 그만큼 도서관은 대상별로 다양한 서비스를 제공해야 하고, 제공할 의무가 있다. 특히 도서관은 생애주기별 독서를 강조하고 있다. 0세부터 100세까지 모든 이용자를 위한 것인데, 여기에는 특히 생애 초기인 유아·어린이와 부모들을 위한 서비스가 강조된다.

도서관을 알차게 경험한 부모들이 "이런 것은 더 홍보했으면 좋겠어요" 했던 것, 혹은 "저만 알고 싶어요~" 하는 도서관 서비스는 의외로 다양하다.

나만의 정보비서, 사서에게 물어보세요!

앞서 설명했듯이 도서관은 설립목적이 정보 요구 해결을 위한 기관이다. 일반 시민이 이용하는 공공도서관에는 특히 일상적 정보 요구 해결을 위한 창구가 마련되어 있다. 바로 '사서에게 물어보세요!' 서비스다. 이 서비스는 전국 도서관에서 운영하고 있는데, 사서가 직접 도서관의 소장 자료와 온라인 정보 경로를 활용하여 이용자의 질문에 답변하는 참고 봉사 서비스로 국민의 알 권리 및 정보 접근권 보장을 목적으로 운영된다. 일상에서 마주하는 사소한 궁금증부터 혼자 해결하기 어려운 문제까지, 그 해결에 도움이 되는 실마리를 제공하는 도서관 서비스다. 만약 특정 주제에 관련한 그림책, 논문, 단행본, 신문 등에 대한 목록이 필요하다면 '사서에게 물어보세요!'를 이용해볼 일이다.

'사서에게 물어보세요' 예시

질문

다양한 독후활동이 소개된 좋은 책이 있으면 소개 바랍니다. 또 NIE 관련 참고서적도 소개 부탁합니다. 감사합니다.

답변

■ 독후활동
- 그림책 육아: 하루 10분, 아이와 소통하는 시간 / 지은이: 정진영 ; 일러스트레이션: 김은혜, 조은주, 예문당, 2010 → 3장 책은 최고의 장난감이자 선생님-걷기 시작하면 독후활동을 늘려요

- 독서: 교육 지도 상담 코칭 클리닉 치료 / 임성관, 시간의 물레, 2010 → 제2장 독서지도의 이론과 실제, 3. 독후활동 살펴보기
- (우리 아이의 평생 독서를 위한) 독서 지도 백과: 유아·초등 부모들이 가장 궁금해하는 우리 아이 책읽기에 대한 100가지 물음과 해답 / 이소영, 전혜경, 박정아 지음, 교보문고, 2010 → 6장 독후활동

■ NIE
- NIE 경제교육 / 저자: 송석명, 더명, 2012
- NIE가 자기 주도적 학습에 미치는 영향 / 한국언론진흥재단 [편], 한국언론진흥재단, 2011
- 우리 아이 신문놀이, 엄마 하기 나름이다: 아줌마 기자가 직접 체험하고, 발로 뛰어다닌 생생한 NIE 현장 / 이현숙, 푸른길, 2011
- NIE와 교육 효과 / 황유선, 박진우, 김위근 지음, 한국언론진흥재단 2011
- NIE 선생님 첫걸음 / 정문성, 최상희, 심옥령, 이혁찬 지음, 한국편집기자협회, 2011
- 사회 NIE 교육프로그램 개발 연구 / 한국언론진흥재단 [편], 한국언론진흥재단, 2011

출처: 국립중앙도서관 지식정보DB

Tip! 빅 데이터로 보는 전국 도서관 '도서관 정보나루'

도서관 정보나루 홈페이지에서는 전국 도서관 데이터로 연령별, 성별 등 다대출 도서 및 다양한 테마 데이터를 볼 수 있다. 어떤 키워드의 책들이 사랑을 받았는지, 내 아이와 비슷한 다른 아이들은 어떤 책을 읽었는지 궁금하다면 도서관 정보나루에서 제공하는 데이터를 참고해보자.

도서관 정보나루 사이트: https://www.data4library.kr/

아는 사람만 아는 도서관 육아 도움 서비스

회원카드 하나로 이용하는 전국 도서관 도서관은 모든 시설과 책 하나하나까지 시민의 자산으로 분류한다. 때문에 도서관이 소속된 해당 지자체의 거주자 및 근로자가 아니면 가입이 어려운 편이다. 하지만 이런 행정구역의 불편함을 해결한 제도가 있는데 바로 책이음 서비스다. 도서관을 많이 이용하는 부모, 타 지역 도서관을 이용하려는 부모에게 도움을 주는 서비스로, 공공도서관 책이음 회원으로 가입하면 전국의 책이음 참여도서관에서 별도의 회원가입 없이 하나의 카드로 이용할 수 있다. 이사를 하더라도 이사 간 지역의 도서관이 책이음 가입 도서관이라면 회원가입을 따로 할 필요가 없다.

시간은 줄이고, 책은 더 많이! 상호대차 서비스 읽고 싶은 책이 우리 도서관에 없다면? 상호대차 서비스를 이용하면 된다. 다소 떨어진 도서관에 내가 읽고 싶은 책이 있다면 '상호대차신청' 버튼 하나로 해당 도서가 1~2일 이내에 내가 자주 이용하는 도서관으로 배송 온다. 도착 문자를 받은 다음 도서관으로 찾으러 가면 되는 편리한 서비스다.

도서관은 아무도 놓치지 않아! 공공도서관은 '모두를 위한' 기관이다. 그러므로 도서관 방문이 어려운 사람들을 위한 서비스도 활발

> **Tip! 책바다 서비스**
>
> 상호대차 서비스가 지역구 내에서 활용할 수 있는 서비스라면, 책바다 서비스는 전국구 도서관 서비스이다. 가입한 도서관에 원하는 자료가 없을 경우, 협약을 맺은 다른 도서관에 신청하여 소장 자료를 서로 이용할 수 있도록 해주는 전국 도서관 자료 공동 활용 서비스다. 공공도서관 외에 대학도서관 자료도 볼 수 있는 장점이 있다. 단, 소정의 배송비가 발생하며 1인당 3책 이하로 신청할 수 있다.
>
> 책바다 서비스 사이트: https://book.nl.go.kr/

한데, 대표적으로 임산부를 위한 책 배달 서비스와 장애인을 위한 책나래 서비스가 있다. 단, 임산부를 위한 책 배달 서비스는 미운영인 곳도 많으니 도서관별로 확인이 필요하다. 중랑구의 경우 중랑면목정보도서관에서 '책아이' 서비스를 운영 중이다. 임산부, 24개월 이하의 영유아를 둔 보호자, 24개월 이하 영유아가 이용할 수 있으며 월 1회 신청할 수 있다. 책나래 서비스는 장애인의 도서관 이용 편의를 위한 서비스로, 공공도서관 대출회원 가입 후 책나래 홈페이지에 회원가입을 하면 이용할 수 있다.
(책나래 참고사이트: https://cn.nld.go.kr/)

우리 아이 생애 최초 책읽기, 어떻게 시작할까? 북스타트 프로그램 북스타트 프로그램은 '책과 함께 인생을 시작하자'라는 취지로 북스타트 코리아와 전국 협력 도서관이 함께 펼치는 지역사회 문화운동 프로그램이다. 제공 도서관이 위치한 지역에 주소를 둔 0개월부터 취학 전 아동(도서관별로 상이)에게 책 꾸러미를 선물로 준다. 책 꾸러미는 총 3단계로, 북스타트(1단계), 플러스(2단계), 보물상자(3단계)로 나뉘어 있다. 도서관에서 지정한 개월 수마다 받을 수 있으며, 꾸러미에는 각 연령별 추천도서 2권과 작은 선물이 들어 있다. 도서관마다 이 북스타트 프로그램과 연관된 부대행사도 다양하게 진행한다. 그림책 스토리텔링이나 부모교육 등 도서관 공지에서 '북스타트'를 주의 깊게 살펴보자.

도서관 독서문화프로그램 들여다보기 이상의 프로그램은 많은 도서관에서 공통으로 운영하는 서비스이다. 이 외에도 도서관마다 주제별, 특화별, 연령별, 주기별 독서문화프로그램을 운영하고 있다. 도서관 독서문화프로그램은 전 국민의 도서관 이용 장려와 독서 진흥을 위해 운영되므로 대다수가 무료로 진행된다.

하지만 아무리 좋고 신박한 프로그램을 준비해도 지역주민의 관심을 끌기가 쉽지 않다. 때때로 유료 독서동아리가 절찬리에 마감되는 상황을 지켜보며 사서들은 탄식한다.

"비슷한 무료 프로그램이 이렇게나 많은데 왜 도서관에는 안 오시나요~?!"

도서관 SNS나 홈페이지를 상시로 살펴보며 프로그램에 적극 참여하자. 가만 들여다보면 정말 다양하고 주민의 필요에 딱 맞는 도서관 프로그램이 많다. 그 외에 원하는 프로그램이 있다면 도서관에 제안해도 좋다. 도서관은 언제나 주민의 제안과 아이디어를 대환영한다. 도서관에서 듣고 싶은 강의가 있다면 연초에 제안해볼 것. 도서관 일 년 계획 수립의 달이다!

도서관에는 이런 것도 있다던데?

멀티미디어 자료를 이용한 책읽기-오디오북, 전자책 이용하기　도서관에는 일반 책뿐만 아니라 오디오북, 전자책, 더책 등 다양한 매체가 준비되어 있다. 특히 최근 수요가 높은 오디오북은 책 읽어주기에 지친 부모에게 딱이다. 컴퓨터만 있으면 집에서도 간편하게 이용할 수 있어 더욱 편리하다. 전자책도 마찬가지다. 아동서에도 전자책이 꽤 있는데, 도서관에 방문할 수 없을 때 이용하면 좋다. 코로나19 때문에 도서관에 방문하지 못해 불편한 경우, 이러한 매체를 이용하면 집에서도 도서관을 찾은 듯한 경험을 할 수 있다.

도서관에서 신문&잡지 읽기　도서관은 일반 책, 멀티미디어 자료 외에도 신문이나 잡지도 구독한다. 특히 아이들에게 인기가 많은 《개똥이네 놀이터》, 《어린이 과학동아》 등은 물론 《National Geographic Kids》 등의 영문 잡지도 구독하니, 신문이나 잡지를 통한 NIE 교육도 충분히 가능하다. 특히 도서관마다 과월호 잡지를 무료로 배포하는 행사도 종종 있으니, 아는 사람만의 도서관 필살 이용법이다.

 학술적인 자료가 필요할 때도 있어 '학술 DB 서비스'

일반 육아서보다 좀 더 심도 있는 학습을 위해 논문이나 학술잡지, 전문 지식 검색을 위한 학술 DB 서비스를 도서관에서 구독하는 경우도 많다. 도서관 회원이면 무료로 사용할 수 있으니 필요하다면 적극 활용해보자.

영어 교육도 겁내지 마 도서관에 웬만큼 적응된 학부모들은 다음 코스로 꼭 '원서'를 공략한다. 도서관은 다문화 시대, 글로벌 시대에 맞춰 다국어 도서를 수집한다. 영어뿐만 아니라 시중에서는 보기 쉽지 않은 일본어, 스페인어, 불어, 중국어, 태국어 등 각종 도서를 구입한다. 부록으로 딸려오는 오디오 CD도 이용할 수 있다. 영어 원서를 활용할 수 있는 도서관 부모 교육 강의도 종종 개설된다. 엄마표 영어 교육 입문을 도서관에서 시작해보자!

취학 전 천 권 읽기 후기
: 부모편

1. 전지영_장주안 어린이 어머니

2018년 10월, 아이가 5세 때의 일이다. 평소와 다름없이 도서관 로비를 지나고 있는데 '취학 전 천 권 읽기'의 팸플릿이 눈에 띄었다 그 소식을 집에 와 아이와 함께 나누고 의견을 물어보았다. 5세 끝자락 시점이라 시작을 고민하였으나 아이와 함께 1,000권의 책을 초등학교 입학 전에 읽어보겠노라고 다짐하며 야심찬 계획으로 시작했다. 집에서도 책읽기를 좋아했던 아이는 도서관의 방대하고 다양한 책에 매료되었고 도서관에서 운영하는 독서 프로그램(만들기, 집콕 도서, 그림책 공작소)에도 적극적으로 참여하였다. 가벼운 마음으로 시작한 천 권 읽기는 아이에게 체계적인 독서습관을 만들어주었고 지금도 매일 책 읽는 아이로 자라고 있다.

취학 전 천 권 읽기가 아이에게 가져다준 긍정적인 효과는 다 나열하기 힘들 정도다. 몇 가지를 적어보자면 다음과 같다.

첫째, 책을 곱씹으며 재미를 즐길 줄 아이로 만들어주었다. 도서관에 자리 잡은 의자에서 때로는 서가에 서서 때로는 놀이형 독서 공간에서 아이는 자신이 원하는 책을 고르고 읽고 탐색했다. 도서관에서 읽었던 것이 성에 차지 않았는지 다 읽은 책을 대출해 몇 번이고 읽고 또 읽기를 반복했다. 그림을 자세히 보고 대화하는 날도 있었고 작가에 관해 이야기하는 날이 있었고 책 주인공의 행동에 대해 엄마와 대화하는 날들이 있었다. 모든 날이 아이가 책을 자세히 보면서 가져온 변화들이었다.

둘째, 도서관 이용 방법과 독서기록장 및 감상문을 적는 방법을 알게 되었다. 관심 분야의 책을 직접 검색대에 서서 검색하고 서가로 이동해 찾고 대출하는 루틴은 이제 너무도 익숙하다. 다 읽은 책은 독서기록장에 서명과 작가, 출판사를 기록하며 자신의 독서 자산을 쌓아 올린다. 그 과정이 아이에게는 너무나 흐뭇했는지 하루 1권 읽던 책이 어느 날은 10권이 되고 그 이상이 된 날도 많아졌다. 주로 주말에 도서관을 가는 편이라 아이는 다음 도서관 방문을 기다리며 일주일 동안 대출한 책을 집에서 열심히 읽는다.

드디어 기다리는 도서관 가는 날! 아이는 도서관으로 달려가 읽은 책의 수만큼 스탬프를 콩콩 찍고 차곡차곡 쌓인 스탬프 수를 세며 독서 통장을 완성한다. 중간마다 단계를 완성하면 제공해주는 완료 배지 덕분에 아이에게 지치지 않는 동기를 제공해주고 긴 여정을 무사히 마칠 수 있었다.

셋째, 가정에서 독서 연계가 가능해져 어떤 상황에서도 책 읽는 독서 습관을 유지하게 해주었다. 기존의 참여에서 새로운 참여로 갈아탔으나 더 좋은 시스템(특히 집에서 읽은 책도 인정해주는 점)으로 업그레이드된 제도는 가정에서도 책읽기에 좀 더 집중할 수 있는 여건을 제공해주었다. 특히 코로나 상황으로 도서관 방문이 어려웠던 시점에, 가정에서도 본 프로그램을 이어갈 수 있어 지속해서 진행할 수 있었다.

그 외 추천도서 목록을 아이가 보고 체크할 수 있어 다양한 분야의 책을 마음껏 읽을 수 있도록 독서 시야도 넓혀주었다. "엄마! 나는 문학책은 많이 읽은 거 같은데 저기 사회 문화 영역은 많이 못 읽은 거 같아"라고 말하는 아이를 보고, 도서 분류 영역을 자연스럽게 알게 되고 자신의 비선호 영역을 보충하려고 하는 모습을 스스로 느끼고 행동하는 모습에 흐뭇한 적이 있었다.

도서관과 친해지는 아이, 책읽기를 즐기는 아이에게는 어느 독서 사교육 부럽지 않은 책 보는 안목을 길러주었고 책을 사랑하고 즐길 줄 아는 행복감을 선사해주었다. 꾸준한 독서 습관은 아이가 줄글로 된 초등학교 고학년 서적을 힘들지 않게 읽을 수 있게 만들어주었고, 미디어 세상에 현혹되지 않는 절제의 힘을 길러주었다. 또한, 유치원 친구들에게 취학 전 천 권 읽기 프로그램을 소개하며 참여를 유도하는 모습은 좋은 일을 나누고 알리는 배려와 영향력의 삶을 실천할 수 있는 소중한 기회를 제공해준 것 같다.

누가 "취학 전 천 권 읽기 좋다요?"라고 물어본다면 주저 없이 꼭 하세요! 말할 것이다. 지금의 삶보다 더 나은 변화가 찾아올 거라고 자신 있게 이야기해 줄 것이다!

2. 백설_황윤우 어린이 어머니

2020년 코로나19로 인해 자의 반 타의 반 아이를 어린이집에 보내지 못하고 집에서 가정 보육을 하게 되었다.

학교 가기 전 한창 친구들과 함께 뛰놀고, 다양한 경험을 해야 할 시기인데…… 외출이 어려워지니 집에서 답답해하는 아이를 보면서 속상하기도 하고, 하루 종일 아이와 뭘 하며 지내야 할지, 어떻게 하면 하루라는 시간을 알차게 보낼 수 있을지 고민을 많이 했더랬다.

그러다가 우연히 중랑구립도서관 홈페이지를 통해 알게 되어 도전하게 된 '중랑구 취학 전 천 권 읽기'.

지금 이 시기를 그동안 워킹맘으로 지내면서 아이와 충분히 함께하지 못했던 시간들(=틈)을 꽉 채우는 기회로 삼기로 하고, 매일매일 그림책을 읽고 일주일에 두세 번은 독후활동으로 미술놀이/과학놀이/요리활동 등을 하며 아이와 함께 정말 슬기롭게 집콕생활을 하려고 노력했다.

아이가 읽은 그림책 중에 70~80%는 아이가 직접 고른 것, 20~30%는 내가 추천한 책이었는데, 의도하지 않았지만 역사, 인성, 인물, 상상, 과학, 자연 등 정말 동-서양, 과거-현재 등 다양한 분야의 그림책을 골고루 경험해보면서 아이는 책 읽는 즐거움과 배움의 즐거움을 느끼는 것 같았다. 말이 살짝 느렸던 아이였는데 단어 선택이나 표현력 등 언어적인 부분이 정말 많이 좋아지는 것이 눈에 보여서 엄마로서 정말 기쁘고 뿌듯했다.

아이가 가장 좋아하는 그림책인 《아빠, 악어를 조심하세요!》 덕분에 우리 가족은 엄마 아빠 아이 모두 태어나서 처음으로 캠핑에 도전해보고 많은 추억을 만들었다. 이 또한 그림책 덕분에 가능한 일이었다.

  때론 책꽂이에서 자기 키의 반이나 되는 만큼의 책을 꺼내와서 엄마랑 아빠 목을 쉬게 만드는 일도 있었고, 잠잘 시간이 한참 지났는데도 책을 더 읽겠다며 우는 바람에 곤란한 날도 많았지만, 아이를 품에 안고 그림책을 읽으며 함께 이런저런 이야기를 나누는 시간은 아이에게도 엄마에게도 나중에 지금을 떠올려봤을 때 정말 소중한 추억이 되어 있을 것 같다.

  아이와 함께한 천 권 읽기 프로젝트는 이렇게 성공적으로 마무리되었지만, 천 권을 채웠다고 해서 책과 가까이 지내는 것을 끝내는 게 아니라 앞으로도 쭈욱- 아이와 함께 책을 가까이하고 기록하는 하루하루를 보낼 것이라고 다짐해본다.

  '중랑구 취학 전 천 권 읽기'는 아이에게 책 읽는 즐거움을 알게 하고, 책 읽는 습관을 갖게 하는 계기가 되었으며, 우리 가족 모두에게 여러모로 좋은 추억을 많이 만들어주었기에, 이렇게 좋은 프로젝트를 진행하고 있는, 내가 사는 '아이 키우기 좋은 중랑구'에 정말 감사하다는 맘 꼭 전하고 싶다!

3. 박선영_최지호 어린이 어머니

집 근처에 좋은 도서관이 있다는 것은 어린아이를 둔 엄마에게는 큰 축복입니다. 여유가 될 때마다 가벼운 마음으로 좋은 장소에서 부담 없이 시간을 보낼 수 있으니까요. 마땅히 갈 곳이 생각나지 않을 때 아이와 손잡고 봉화산 둘레길을 따라 산책 삼아 걸어가다 보면 중랑구립도서관이 나옵니다.

지호는 6세에 처음으로 도서관이라는 곳을 가보았습니다. 더 어릴 때는 혹시라도 떠들거나 떼를 써서 남에게 피해를 줄까 봐 안 데려갔지만 6세 정도라면 괜찮을 것 같았습니다. 그래서 퇴근하다 잠시 도서관에 들러 아이의 회원증을 만들었습니다. 평일 늦은 시간이라 그런지 붐비지 않고 조용했습니다. 친절한 사서 선생님의 안내로 무사히 도서관 회원증을 발급받는 도중에 데스크에 걸려 있는 '취학 전 천 권 읽기' 안내문에 눈이 갔습니다. 지호는 6세니까 한 번 도전해볼 만하다 싶어 신청서를 작성하고 제출하니 멋진 에코백과 독서기록장을 주셨습니다.

취학 전 아이와 함께해볼 수 있는 멋진 도전거리가 생겨 신이 난 엄마는 주말을 이용해 지호를 데리고 도서관으로 향했습니다. 장소에 낯을 가리는 아이라 혹시 잔소리하게 되는 상황이 생기진 않을까 걱정하며 단단히 단속을 하고 왔는데, 어른 도서관 분위기와는 확연히 다르게 느껴지는 편안함에 아이의 반응은 나쁘지 않았습니다. 자연스럽게 책을 고르러 뛰어가는 지율이 누나의 모습도 한몫했지요. 자기 또래 또는 그보다 더 어린아이들이 책을 고르러 분주히 돌아다니는 모습, 삼삼오오 모여 앉아 종알대며 토론(?)하는 어린 친구들, 아이를 옆에 앉혀 놓고 열심히 책을 읽어주는 엄마들의 모습을 잠시 관찰하던 아들이 묻습니다.

"나도 가서 책 찾아도 되지?"

집에서는 엄마가 골라서 읽어주라던 아들이 도서관의 분위기에 휩쓸려 직접 책을 찾아보기 시작합니다. 몇 권은 책상에서 읽어주고 나머지는 대출해 오기로 했어요. 독서기록장에 도장을 꾹꾹 찍는 걸 보더니 "다음에 또 오자. 그땐 더 많이 읽을래"라며 자신감을 보입니다. 이른 시일 안에 천 권쯤이야 도달할 수 있을 것 같았어요. 그러나 실제로 체험해보니 꽤 험난한 길이었습니다. 직장인이다 보니 평일에는 아이와 함께 올 수 없어서 결국 엄마가 직접 책을 빌려 집으로 날라야 했습니다. 1인 5권만 빌릴 수 있기에 가족회원증을 합쳐 총 10권~15권 정도를 퇴근 후 빌려오는 것도 보통 일은 아니었습니다. 팔에 저절로 근육이 붙는 느낌이었지요.

원래 하루 한 권씩 3년 동안 진행되는 플랜이지만 지호는 일 년 늦게 시작했으니 남보다 더 부지런히 읽지 않으면 초등학교 가기 전에 도달할 수 없을지도 몰랐습니다. 게다가 엄마가 빌려오는 책을 아이가 다 좋아하는 것도 아니었습니다. 아이가 좋아할 만한 분야, 글밥, 그림 등에 대해 고민하고 해결해야 하는 엄마의 숙제거리가 생겼지요. 그러나 시간이 약이라고 몇 달이 지나가니 점점 아이가 무엇에 관심이 많은지 어떤 분야를 좋아하는지, 궁금해하는 것이 무엇인지를 알게 되어 책 고르기가 매우 수월해졌습니다.

그런데, 700권 대에서 갑자기 도서관 공사가 시작되어 한동안 책을 못 빌리게 되었고 천 권 읽기도 자연히 느슨해졌습니다. 한 달 정도 게으름을 피우다가 대책을 마련해야겠다 싶어 양원숲속도서관을 이용하였습니다. 넓은 잔디밭과 깨끗한 시설이 무척이나 마음에 들었습니다.

그러다 작년 봄 갑자기 불어닥친 코로나19로 새단장한 중랑구립도서관과는 영영 작별인가 싶었고 천 권 읽기도 눈앞에 목표를 앞두고 실패하나 싶었어요. 그러나 다행히도 코로나 단계가 낮아질 때마다 도서관 문이 열렸고 올겨울 드디어 천 권째 칸에 도장을 찍게 되었습니다. 천 권까지 이어오는 사이 독서기록장은 독서 여권이라는 것으로 바뀌게 되었는데 아들은 더 재미있어했습니다. 도서관에서 상으로 주신 배지를 유치원 가방에 주렁주렁 달고 다니기도 했고요.

천 권 읽기를 마치고 나니 아들이 묻습니다. 초등학교 가도 천 권 읽기가 있냐고요. 도서관 프로그램은 없지만 학교에서 하는 프로그램이 있으니 계속 열심히 읽어보라고 격려해주었어요. 여러 권을 방대하게 읽는 것보다 한 권을 깊이 읽는 것, 여러 번 읽는 것이 더 중요하다는 말도 있습니다. 그러나 천 권 읽기 프로그램은 여러 분야의 다양한 책들이 있음을 알게 해주었고, 목표를 향해 한 걸음 한 걸음 걸어가는 과정을 체험하게 해주었고, 조금씩 꾸준히 노력하면 얻게 되는 큰 결실에 대해 알려주었습니다. 취학 전의 어린 나이라 거창한 무엇인가를 느끼고 생각하긴 어렵겠지만, 나중에라도 어려움이 닥쳤을 때 지금의 성취를 기억하고 자신감을 회복할 수 있다면 그것만으로도 아이에게는 평생의 재산이 될 것 같습니다.

4. 김선희_홍승준, 홍현준 어린이 어머니

아이를 낳고 육아를 시작하면서 아무 정보도 없던 나는 육아 관련 서적을 많이 읽었다. 여러 권의 육아서적에 한결같이 나오는 이야기는 책을 많이 읽어주고 책을 잘 그리고 많이 읽을 수 있는 환경을 만들어주는 것이 가장 좋다는 것이다.

그리고 2살, 3살 아이와 하루 종일 같이 있으면서 가장 잘할 수 있고 편안한 것은 책읽기였던 것 같다. 책 읽는 시간은 아이도 즐거워하고, 나도 잠시나마 앉을 수 있으니까…….

첫 아이 6개월 때 도서관 회원증을 만들어 일주일에 3번 이상 도서관을 왔다 갔다 했더니 아이도 도서관을 놀이터처럼 너무 좋아하게 되었다.

일단 도서관을 좋아하게 된 것만으로도 너무 큰 수확이었다고 생각했다. 도서관을 제집 드나들 듯 다니다가 취학 전 천 권 읽기를 알게 되었다. 예전과 달리 집에서 읽은 책도 적을 수 있어서 금방금방 채워나가게 되었다. 금세 100권 200권을 읽게 되니 아이도 더 즐겁게 책을 읽은 것 같다. 어떤 날은 하루에 읽은 책을 다 적어주기가 힘들 정도로 책을 좋아하는 아이가 되었다. 책을 많이 읽으니 한글을 떼는 것도 너무 수월했다. 글자가 너무 익숙하니 자음, 모음을 한 번씩 정리하는 걸로 한글을 금방 떼고, 한글을 떼고 나니 책읽기 독립도 금방이었다.

책읽기가 너무 재미있다는 것을 알게 되니 혼자서 책을 골라서 읽고 좋아하는 분야는 찾아서 읽고 도서관에서 읽은 책 중 소장하고 싶은 책은 서점에서 사서 2~3번 읽고…….

작년 한 해 코로나로 집에 있는 시간이 많아 힘든 점도 있었지만, 집에 있는 시간이 많아지면서 그동안 시작하기 힘들었던 책들도 많이 읽으면서 독서력이 더 성장한 듯하다.

　첫 아이가 책을 좋아하고 집에서 늘 책 읽는 모습을 보여주니, 둘째 아이도 책 읽는 것이 너무 당연하고 또 좋아하게 되었다. 둘째 아이는 한글을 떼자마자 책읽기 독립도 더 빨랐다.

　이렇듯 두 아이 모두 책을 좋아하는 아이가 된 데에는 취학 전 천 권 읽기의 영향이 매우 큰 것 같다. 책을 좋아하게 된 것만으로도 큰 수확인데 거기에 선물도 받을 수 있으니 안 할 이유가 없다.

　책읽기는 성인이 될 때까지 쭉~~ 이어져야 한다고 생각하기 때문에 취학 전뿐만 아니라 초등학생, 중학생들로까지 확대했으면 하는 바람이다. 취학 전 천 권 읽기~~ 계속 계속 응원합니다.!!!

5. 예연희_정현아 어린이 어머니

2019년 늦은 여름. 친구와 함께 도서관을 찾으면서 시작된 취학 전 천 권 읽기 체험.

친구가 도전하고 있는 것을 본 아이가 나도 하고 싶다 하여 시작하게 되었다. 6세 후반에 시작해 조금 늦은 감이 있었지만 워낙에 책 읽는 것을 좋아했고 천 권 읽기라는 동기부여가 되면 더욱 잘 읽을 것 같아 할 수 있을 때까지 해보자며 등록을 하였다.

나중에 도전 방식이 조금 달라지긴 했지만, 처음에는 도서관에서 예쁘게 사진을 찍어 얼마나 읽었는지 사진도 붙여주시니 아이가 너무 좋아했다.

워킹맘이라 집에서 자기 전에 읽어주는 책이 전부였는데 취학 전 천 권 읽기를 시작하면서 엄마인 나도, 아이도 의식적으로 쉬는 날이나 시간이 날 때마다 도서관을 더 자주 찾게 되었던 것 같다.

도서관을 자주 방문하니 도서관이 친숙하게 느껴지고 보고 싶은 책을 검색해서 골라 보는 재미도 느끼게 된 것 같아 너무 좋은 기회가 되었던 것 같다.

동생이 있어 엄마와 단둘이 시간을 보내는 일이 많지 않았는데, 도서관에 오는 날만큼은 엄마와 단둘이 있을 수 있어서 아이가 더 좋아하며 자주 도서관에 가자고 했던 것 같기도 하다.

여러모로 우리 모녀에게 참 좋은 영향을 준 천 권 읽기 도전. 독서 여권에 스탬프 찍는 재미도 있고 바지가 늘어가는 재미도 느끼고 독서기록장에 읽은 책들의 제목을 써 나려갈 때마다 뿌듯해하던 아이의 모습이

기억난다.

　늦게 시작한 만큼 더 열심히 책을 읽어 완성하게 된 천 권 읽기. 도전을 끝내고 성공하고 나니 아이보다 엄마의 만족도가 더 높았던 것 같은 느낌이다. 아이들이 자연스럽게 책과 친해질 수 있고, 또 책 읽는 재미도 느낄 수 있게 된 취학 전 천 권 읽기 체험은 정말 좋은 프로그램이라고 생각된다.

　이 도전을 한다고 했을 때 다른 구에 사는 주변 엄마들이 너무 좋은 프로그램인 것 같다며 자기들이 사는 곳에서도 진행하면 좋겠다는 반응에, 이런 프로그램을 추진한 중랑구에 고마움도 느끼고 뿌듯함도 느꼈던 것 같다.

　그런데 2020년 작년 한 해 동안에는 코로나로 인해 도서관에 가는 즐거움을 많이 느끼지 못해 너무 아쉽기만 하다.

　그리고 둘째 아이도 5세가 되면 꼭 다시 신청해서 도전해야겠다는 생각이 들었다. 더불어 더 많은 사람이 이 프로그램을 알게 되어 도전할 수 있으면 좋겠다는 생각도 해본다.

　마지막으로 아이가 초등학교에 가서도 천 권 읽기 도전할 때처럼 꾸준히 책을 잘 읽어서 책 읽는 습관을 잡아주고, 아이가 책 읽는 재미를 느낄 수 있게 되기를 기대해본다.

2장

사서도 그림책은 처음입니다만
: 사서편

천 권 추천도서 목록 제작기

"우리 아이가 4학년인데 재미있게 읽을 만한 책 있을까요?"
"식물이 나오는 책 좀 추천해주세요, 과제에 쓸 거예요."
"소설은 많이 읽었는데 더 이상 뭘 읽어야 할지 모르겠어요."

공공도서관에 근무한다면 한 번쯤 받아봤을 법한 단골 질문들이다. 도서 대출이 전부라고 생각하던 예전과 달리, 도서관을 이용하는 사람들은 궁금증을 스스럼없이 드러내며 정보서비스에 대한 요청을 감추지 않는다. 특히 내 필요에 맞는 책, 즉 개인화 서비스에 대한 수요가 늘고 있다는 사실은 큐레이션 서점이 우후죽순 생겨나는 것만 봐도 쉽게 알 수 있다.

'책 읽는 직업'으로 종종 오해받는 사서들은 사실 책을, 정확히는 정보를 '조직'하는 직업을 가진 사람들이다. 업무적 필요에 따라 책을 읽기도 하지만 도서관에 있는 모든 책을 실제로 다 읽지는 않는다. 텍스트를 탐구하는 것이 아니라 도서의 체계를 다루고 관련 서비스를 제공하는 것이 실제 업무에 가깝기 때문이다. 따라서 앞에서 예를 든 질문을 받으면 사서들은 손이 바빠진다. 서가마다 빼곡히 들어앉은 책들을 바라보며 아연해지는 마음을 서둘러 숨기고 도서 키워드를 검색한다. 출간연도와 대상을 거르고, 출판사의 인지도와 데이터상의 키워드를 빠르게 훑으며 문의한 이용자가 만족할 만한 도서 리스트를 추린다. 수 분 만에 건네준 리스트 뭉치에는 직업상 습관인 브라우징의 흔적, '편의의 냄새'가 난다.

브라우징이란 간단히 말해 정보를 빠르게 탐색하고 원하는 데이터를 찾아내는 작업을 말한다. 인터넷 용어지만 도서관 업무에서 흔히 쓰이는 말로 '서가 브라우징', '도서 브라우징' 등의 단어로 표현된다. 주제와 작가 등으로 도서를 분류하는 도서관의 특성상 사람들은 브라우징, 즉 '훑어보는' 방식을 통해 책을 고르는 것이 일반적이다. 물론 도서관도 큐레이션과 같은 다양한 방식을 활용해 도서 접근성을 높이려고 노력한다. 그러나 도서관은 대부분, 적어도 지금까지는 사람들이 우연히 도서를 발견하게끔 하는 장치를 선호

해왔다. 검색을 통해 특정 도서를 고르는 경우를 제외하면, 도서관 서가를 훑으며 필요하거나 취향에 맞는 도서를 고르는 방식이다.

이러한 브라우징은 도서를 구매하는 '수서' 업무에도 자주 쓰인다. 끊임없이 쏟아지는 출판물 시장에서 양서를 수집하는 일은 특정 도서에 대한 깊이 있는 이해보다는 대상과 수요 판단, 도서에 대한 안목 등이 필요한 작업이다. 사서들은 이를 재료로 눈앞의 도서들을 빠르게 브라우징하며 도서관에 놓을 수천, 수만 권의 책들을 고른다. 그런데 브라우징은 마치 양날의 검과 같아서, 책을 다루는 몇몇 직업(사서를 비롯한 출판사 직원, 서점 직원 등) 종사자들은 사실상 매번 도서의 속살까지는 알 수 없다. 목차와 서문을 포함한 책에 관한 메타 정보는 도서 관련 종사자들의 업무를 수월하게 해주지만 바로 그 때문에 책과 유리된다. 세상에는 '읽지 않고 추천된' 도서가 무수히 존재한다. 손이 닿은 적 없는, 아름답고 무용한 화석처럼.

우리의 도서 목록 제작은 바로 이러한 갈증에서 시작되었다. 나아가 '어떤 책을 읽어야 할지' 방향을 묻는 사람들이 참고할 만한 변변한 독서 지도를 제작하고 싶었다. 임시방편을 통한 편의의 냄새를 풍기는 도서 목록이 아닌, 골목길, 논두렁길 하나하나 정성껏 세팅된 독서 내비게이션 같은 목록. 별자리를 보며 동서남북의 방향을 가늠하듯, 손에 들면 마음 든든한 독서 지도. 눈을 반짝이며 조심스레 질문을 건네는 이들에게 사서들은 이러한 것들을 선물하고 싶었다.

우리가 2019년부터 수집해 온 추천도서는 5~7세 아이들이 관심을 가질 만한 혹은 필요한 30개 내외의 주제로 구성되어 있다. 식습관을 비롯한 생활습관, 동물과 식물 등을 포함한 다양한 친구들, 동물권이나 재활용과 같은 환경 문제, 생각과 언어표현 기르기, 성평등, 인성, 학교생활 등 필요 주제를 선정하고 그에 관한 도서들을 수집하여 현재는 총 300여 권의 목록을 갖추었다. 독립된 자료선정위원회를 통해 도서를 선정하며, 한 번에 많은 분량을 수집하기보다는 매해 조금씩 목록을 더하여 동시대성과 시의성을 반영할 수 있도록 제작 중이다.

또한 도서를 선정하기에 앞서 실제로 그 책을 '읽는다'. 최대한 아이의 관점에서 이 책이 웃음과 재미를 줄 수 있는지, 가슴 한편을 울릴 수 있는지, 다른 상상을 끌어낼 수 있는지, 용기를 주는지, 몰랐던 것을 알게 하는지, 익숙한 것을 새롭게 보게 하는지 등등을 고민하며 말이다.

이렇게 제작된 우리의 도서 목록은 물론 완벽하지 않다. 어떤 이들은 '천 권'이라는 숫자를 마치 그만큼의 책을 읽어야만 한다는 강요로 오해하기도 한다. '천 권의 추천도서 리스트가 있나요?'라는 질문은 바로 그 맥락에서 나오는 말이다. 하지만 여기서 다시 한번 되짚어본다.

천 권 사업의 핵심은, 매일 매일 책을 읽고 만지는 행위에서 오는

▲ 유아를 대상으로 한 테마 그림책 목록집 《취학 전 천 권 읽기: 그림책 놀이터》
초등 전 권 읽기를 위한 주제 연계 독서 지도 《하루독서 내비게이션》

'독서 경험'에 있다. 1,000이라는 숫자는 그 경험을 독려하기 위한 상징적인 장치와 같은 의미랄까. 그러한 의미에서 우리의 목록은 '반드시 읽어야 하는 천 권의 리스트'를 표명하고 있지 않다. 추천도서 리스트에 없는 책은 물론, 같은 책을 여러 번 읽어도 상관없다. 다만 꾸준히 읽는 행위를 통해 아이들이 책이 있는 환경이나 책 그 자체에 익숙해지는 것이 우리의 바람이다.

무언가를 '읽는 행위'는 숨을 쉬는 것처럼 자연스러운 일이 아니기에 연습을 통해 꾸준히 키워나가야 하는 근육과 같다. 어려서는 책을 좋아하던 아이가 초등학교, 중학교에 진학하면서 책과 멀어지는 경우도 허다하다. 흥미로 시작한 독서 역시 그것을 지속하게끔 만드는 '독서 근육'이 필요한 것이다. 추천도서 목록은 그 과정을 도와주는 보조 장치와 같다. 독서 여행을 떠나는 이들에게 '이 방향으로 한번 가보세요, 좋은 것을 발견할지도 모르니!'라고 응원해주는, 정답이 아니라 나침반을 선물해주는 것이다.

우연히 발견한 도서든 리스트에 있는 도서든, 어느 한 권이라도 아이의 마음에 작은 씨앗을 심어줄 수 있다면 우리에게 의미 있는 책이 될 것이다. 그렇기에 천 권 사업팀은 추천도서 목록 외에도 실제 아이들이 읽은 도서와 반복해서 읽은 도서 데이터 또한 가치 있게 여긴다. 물론 누군가에게 의미 있는 책이라 해서 모두에게 같은 효과를 주리라는 법은 없다. 공신력 있는 기관에서 선정한 도서들도 마찬가지다. 너무나 당연한 말이지만 우리는 모두 다른 존재이기 때문이다.

나만 좋았던 책이라 해도 의미가 없지는 않다. 한 권의 책은 독립된 하나의 우주이고, 우리의 일부는 그 우주가 모여 이루는 것일 테니. 그러니 여기 있는 모든 책을 읽어야 한다고, 천 권을 읽어야 한다고, 스스로를 또는 상대방을 괴롭히지 말자. 우리 모두 각자의 독서 지도를 가슴에 품고 긴 항해를 시작한 것이다.

추천도서, 정말 꼭 필요해?

예나 지금이나 다이제스트 도서는 꾸준한 수요를 누린다. 다이제스트란 요약문, 축약문 정도의 의미로, 저작물 또는 출판물의 요점을 간추린 도서를 말한다. 흔히 볼 수 있는 '인문 고전 100선'이나 '~를 위한 안내서'와 같은 제목의 도서들이 바로 다이제스트 서적이다. 시간을 절약하기 위해, 빠른 시간 안에 최대치의 정보를 얻기 위해, 어려운 정보를 순화해 얻으려고, 사람들은 갖가지 이유로 다이제스트 북을 찾는다. 나 역시도 어릴 적 '서울대 권장도서 100선'과 같은 도서 요약집에 상당히 매료되었는데, 그 안에 소개된 책들을 훑어보는 것만으로도 소위 '도장 깨기'를 하는 것 같은 만족감을 얻을 수 있었기 때문이다. 그뿐만 아니라 비슷한 수준과 계열의, 유사한 시대성을 반영한 도서들은 마치 보물찾기와 같은 발견의 즐거움을 주었다. 그렇게 찾아낸 도서가 더 궁금하다 싶으면 따로 사서 읽는 식이었으니 다이제스트 북은 나에게 일종의 독서 애피타이저, 즉 식전 음식과 같은 역할을 했던 셈이다.

물론 이런 부류의 도서에는 단점 또한 존재한다. 넓고 얕은 정보성에 의지하다 보면 그 편의성에 익숙해지게 마련이고, 점차 호흡이 긴 글과 어려운 이해 과정이 필요한 글은 멀리하게 될 가능성이 없지 않다. 그럼에도 불구하고 독서의 장벽을 낮추고 초보자에는 일종의 가이드를, 독서가에게는 지속적인 발견의 재미를 준다는 점에서 순기능을 인정할 만하다. 수많은 기관에서 펴내는 추천도서, 권장도서 목록의 장단점은 바로 이러한 다이제스트 북과 비슷한 연장선에 있다.

흔히 "권장도서 목록에 있으니 꼭 읽어야 해"라든가 "추천도서 목록에서 봤지만 재미도 없고 왜 읽어야 하는지 이해도 안 돼"라는 말을 들어본 적 있을 것이다. 보통 이런 부류의 목록은 공신력 있는 기관이나 보편적 인지도가 있는 사람이 추천하게 마련이다. 그 말인즉슨, 검증된 가치관과 보편적 시대성을 반영할 뿐 아니라 학습이나 기타 활동에 도움을 주는 도서일 가능성이 크다는 뜻이다.

흥미를 돋울 수 있는 최신성과 실험성, 기타 재미 요소는 그다음 고려 대상이다. 물론 그러한 도서도 의미가 없지 않다. 다만, 기준점 자체를 교양과 교육적 목적에 방점을 두다 보니 보다 다각적인 시각에서 도서를 바라보기가 쉽지 않다는 것이다. 어린이 혹은 자녀를 둔 부모에게 '권장도서'라 함은 곧 '필독도서'로 받아들여지게 되는 이유다. 모두가 비슷한 시기에 '읽어야만 하는 도서'로 구성된 목록은 오히려 능동적이고 적극적인 독서를 방해한다. 해야만 하는 과제를 반기는 이가 있을까?

그래서 우리가 제작한 추천도서 목록은 그러한 권위와 학습 중심에서 가능한 한 자유로워지고자 했다. 미취학 아동들이 호기심을 가질 법한 주제로 구성된 취학 전 천 권 목록은 물론, 어린이부터 청소년까지 활용 가능한 초등 천 권 목록 또한 아이들이 즐겁게 읽으며 가치를 발견할 수 있는 도서로 구성했다.

　누구나 재미있는 책을 읽으면 비슷한 책을 또 읽고 싶다는 생각이 들 것이다. 이러한 점에서 착안해 인문, 문화, 사회, 과학, 환경, 인권 총 6가지 분야에서 흥미롭고 시의성 있는 주제 10가지를 도출하고, 도서별 연계도서를 선정해 무한히 뻗어나가는 방사형 독서지도를 만들었다. 1번부터 100번까지 줄지어 선 목록이 아닌, 책 어느 쪽을 펼쳐 읽어도 무방한 그런 지도 말이다.

　부디 천 권 추천도서 목록을 첫 장부터 마지막 장까지 정독해야 하는 책으로 받아들이지 않았으면 좋겠다. 작지만 든든한, 옆구리에 구겨 낀 길잡이 친구 정도로 여기고 마음껏 길을 잃어보기를 바란다. 그 어느 지점에선가 어느새 나만의 즐거움으로 가득한 독서지도를 발견할 수 있을 테니 말이다.

어린이는 모두 다 다르다

　어린이도서관에 근무하며 알게 된 놀라운 사실은 5세와 6세, 7세 아이가 모두 다르다는 것이었다. 하루하루 무섭게 성장하는 나이인데도 그 사실을 직접 겪고, 보고 나서야 알게 되었다. 이전의 나는 무지하게도 어른보다 작은 아이는 무조건 '유치원생 아니면 초등학생', 교복을 입은 아이는 '중학생이나 고등학생' 정도로만 여기던 사람이었다. 그래서 처음 이곳에 왔을 때 가장 난감했던 경험 중 하나는 "첫째가 7세이고 둘째가 5세인데 각각 어떤 책을 읽으면 좋을까요?"와 같은 질문이었다. 아니, 대체 다른 점이 뭔데요?

한편 학교에 입학하고 나면 나이보다는 학년이 중요해진다. 9세, 11세와 같은 실제 나이보다 2학년, 4학년으로 규정되는 것이다. 아이들도 자신을 소개하는 데 있어 스스럼없이 학년을 이야기한다. "저는 ○○○이고, 올해 3학년이에요." 그러다 보니 책읽기 과정도 학년별로 구분되는 경우가 대부분이다. 실제 많은 추천도서 목록들이 연령별, 학년별 구분으로 짜여 있고, 그로 인해 자연스레 학년별 교과 과정에 영향을 받는다. 대표적인 예로 '학년별 교과연계도서'가 있다. 학교 교육 과정이 독서 과정과 이어져 있는 셈이다.

그러니 아이들은 수업의 연장선 같은 느낌을 받지 않을까? 재미있게 다가가야 하는 책읽기가 마치 과제처럼 느껴진다면 부담을 느낄 수밖에 없다. 현재 내가 근무하는 도서관에서도 수요에 의해 '교과연계서가'를 운영하고는 있지만, 실제 그 앞에서 책을 고르는 사람은 양육자들이 대부분이다. 어린이 도서를 고르는 데 있어 참고할 만한 가이드가 많지 않고, '독서'는 자연스레 '학교 교육'과 연결된다는 의식이 강해서일 것이다.

그런데 이 정도 학년에는 이 정도 수준의 도서를 읽어야 한다는 구분이 당연하게 느껴지다가도 곰곰이 따져보면 의문이 생긴다.

당연한 말이겠지만, 어린이는 모두 다 다르기 때문이다. 어른으로 따져보자. 27세쯤이 읽을 만한 도서, 40세 정도면 읽을 만한 도서를 성인 기준에서 구분하는가?

어른과 마찬가지로 아이들 또한 각자의 독서 흥미와 문해 수준이 다르다. 나이에 따라 권장되는 보편적인 독서 기준은 있을 수 있겠지만, 적어도 도서를 범주화하는 첫 번째 기준으로 '연령 또는 학년'을 선택하는 것은 독서 행위의 가능성을 제한한다. "고학년 도서인데 우리 아이가 읽기에는 어렵지 않을까?", "읽기 레벨이 낮은데 다 큰 내가 읽기에는 좀 부끄러워"와 같은 인식이 그렇다. 그런데 흔히 추천도서 목록의 '읽기 단계', '권장 학년' 등으로 구분되는 도서들은 의외로 그 기준이 단순하다. 글의 분량, 글자 수, 책의 두께 정도로 저학년과 고학년용을 나누는 것이다.

사실상 한국에는 공식적인 읽기 레벨 측정 방식이 없다. 많은 권장도서 목록은 특정 작가나 출판사에 치중되고, 다양한 주제를 다루기보다는 몇 가지 주제에 편중되어 있는 편이다. 해마다 같은 도서가 중복 선정되는 경향도 크다. 문제는 아이들의 책을 가장 많이 고를, 학교나 도서관과 관계된 사람들(사서와 교사, 양육자 등)이 해당 목록에서 결코 자유로울 수 없다는 사실이다. 여러 기관과 단체에서 추천한 도서들을 구입 업무에 참고하는 사서, 출판사 추천목록을 들고 책의 존재 유무를 묻는 도서관 이용자, 교과연계목록에 포함된 도서를 수업에 활용하는 교사 등 목록은 계속해서 재활용된다. 결국, 아직 스스로 책을 고르기 어려운 어린이를 대신해 1차적으로 책을 고르는 어른들이 참고할 만한 데이터가 충분하지 않다는 이야기다.

물론 책을 먼저 읽고 판단하는 것이 가장 좋겠지만, 글자 수가 점점 느는 어린이 도서를 매번 전부 읽을 수는 없는 노릇이다. 그렇다고 학년이나 연령으로 구분된 도서 목록에만 의지하기엔 그 기준이 너무 단순하다. 그림으로만 구성돼 있는데도 주제가 어려운 도서들이 있고, 고학년이라고 해서 글자 수가 많은 도서를 반드시 잘 읽으리란 법도 없다.

외국의 경우, 도서 선정 기준을 제시하는 몇 가지 사례가 있다. 한 예로 'BOOKMATCH 전략'을 들 수 있는데, 미국 일리노이주 교사가 아이들이 책을 선택하는 과정을 연구해 만든 기준이다. '책의 길이, 일상 언어, 구조, 책에 대한 사전지식, 다룰 만한 텍스트, 장르에의 호소, 주제의 적합성, 연관, 높은 관심' 9가지 기준으로 아이들이 스스로 책을 선택할 수 있도록 가이드를 제시한다. 그 세부 내용에 들어가면 기준이 더 섬세하다. '나에게 좋은 길이인가', '잘 읽히는가, 의미가 통하는가', '책의 크기와 한 페이지의 단어 개수가 읽기 편한가', '주제나 저자, 삽화에 대해 이미 아는가', '책의 단어들이 쉬운가, 딱 맞는가, 너무 어려운가', '이 장르를 좋아하거나 좋아하기를 기대하는가', '이 주제에 관하여 읽을 준비가 되었는가', '이 책은 어떤 것이나 어떤 사람을 기억나게 하는가', '이 책의 주제에 대하여 관심이 있는가' 등의 내용이 포함되어 있다.

이것으로 미루어볼 때 도서를 선정하는 데는 글자 수 이외에도 단어의 적합성, 관심도, 주제에 대한 이해도 등 고려해야 할 부분이 상당하다. 이러한 이유로 천 권 사업팀은 먼저 독서 흥미와 직접적으로 연관될 주제 개발을 시작했다. 인문, 문화, 사회, 과학, 환경, 인권으로 이루어진 6개의 대분야를 선정하고 각 주제와 관련된 내용 중 유의미한 세부 주제들을 발굴했다. 예를 들어 인문 분야에서는 감정과 관계, 환경 분야에서는 소비, 동물권, 기후를 선정하고 주제마다 세부 갈래를 나눠 독서 목적을 분명히 했다.

말하자면 초등 천 권 목록은 주제 연계도서를 통해 독서 목표와 선정 기준을 명확히 하고, 선정된 각 도서마다 키워드를 통한 연계도서를 마련하여 상호 연관성을 갖도록 했다. 연령별 구분은 범주화하지 않되, 도서마다 5단계의 읽기 단계를 표시함으로써 개인의 독서 수준에 따라 진행할 수 있다. 또한 전 연령 권장 도서와 경계성 나이인 청소년, 성인 대상 도서까지 폭넓게 구성하여 각자의 선택에 따라 독서가 가능하도록 제작했다.

어린이라 해도 청소년 수준의 문해력을 갖춘 아이가 있고, 읽기 수준과 관계없이 글밥이 적은 도서를 선호하는 아이도 있다. 또한 좋아하는 주제라 하더라도 내용과 형식에 따라 선호도가 다를 수 있다. 독서 흥미 역시 마찬가지다. 추리 소설을 좋아하는 아이가 있는 반면, 과학 동화만 읽는 친구도 있을 수 있다. 일단, 자신이 좋아하는 것에 푹 빠질 수 있도록 환경을 만들어주는 것이 중요하다. 아이마다 타고난 성향과 기질이 다른데 처음부터 책을 골고루 읽히기란 어려운 일이다. 한두 가지 영역이라도 재미있어하는 분야가 있다면 관심을 지속할 수 있도록 존중해주는 것이 맞다. 아이의 이런저런 차이점들을 고려하지 않은 채 학년으로만 도서 범주를 나누는 것은 독서와 관련된 수많은 가능성을 차단하는 일이 아닐까?

어린이 독서의 핵심은 결국 책읽기를 즐길 수 있도록 만드는 것, 그리하여 아이가 책과 함께 성장할 수 있도록 길을 닦아주는 것이다. "어떤 아이는 벌써 《데미안》을 읽는다는데, 우리 아이는 독서 수준이 떨어지는 것이 아닐까?"라는 고민은 할 필요가 없다. 그보다는 먼저, 아이가 어떤 취향과 결을 가진 사람인지 이해하는 것이 필요하다. '초등생이라면 반드시 읽어야 하는 도서' 등의 문구는 어린이라는 독자적인 존재를 그저 가르쳐야 하는 수동적 대상으로만 인지한다.

한 명 한 명, 모두가 다른 아이들. 책을 좋아할 수도 싫어할 수도 있으며 지금까지의 독서 경험 또한 저마다 다를 것이다. 그러한 아이의 손을 맞잡은 어른이라면, 독서를 교육의 연장선으로 생각하지 말고 개인의 경험과 취향, 상황과 기분을 고려한 섬세한 안내자로서 접근했으면 좋겠다. 아무리 좋은 책이라고 한들 아이의 마음에 들지 않을 수 있다. 모두가 재미있다고 하는 책조차 누군가에게는 지루할 수 있다는 이야기다. 그런 경우, 보편의 잣대에서 벗어나는 어린이를 억지로 이끌 것이 아니라 아주 작은 흥미라도 책과 연관 지어줄 세심함이 필요하다.

어린이에게는 이미 재미있는 놀이가 너무나 많다. 놀이터에서 뛰어놀고 친구들과 어울려 공을 차거나 텔레비전을 볼 수도 있다. 유튜브와 같은 화려한 영상 매체가 넘쳐나는 시대에 인내와 집중이 필요한 책읽기가 아이에게는 얼마나 매력 없게 보일지를 감안해야 한다. 무작정 '필독서'를 권할 것이 아니라 '어떤 이야기에 관심이 있을지', '이야기를 전달하는 방식은 어떠한 것을 선호하는지', 개인의 기호를 파악하는 것이 먼저다.

또한, 그림책이든 과학이든 역사책이든 책의 장르마다 적절한 읽기 방법을 배워야 한다. 읽는 행위에 배움이 선행되어야 한다니 선뜻 이해되지 않을 수 있다. 그러나 '읽는다'는 행위는 생각보다 훨씬 노력과 인내를 수반한다. 독서 과정에서는 책의 구조를 파악하고 줄거리를 이해하며, 책이 말하고자 하는 주제를 도출해보고, 등장인물의 처지에서 공감해보고, 함께 읽으며 타인과 이야기를 나누는 작업 등이 필요하다. 우연히도 책을 좋아하는 어린이라면 다행이지만, 무작정 책을 많이 읽는다고 흥미가 생겨나지는 않는다.

좋아하는 일도 제대로 즐기기 위해서는 배움이 필요하다. 스키를 즐기기 위해선 스키를 배워야 하지 않겠는가? 이러한 이유로 우리 도서관은 어린이를 대상으로 한 초등독서토론 프로그램을 천 권 연계 사업으로 운영하고 있다. 낭독, 함께 읽기는 물론, 도서별 읽기 목적에 따라 적절한 독서법을 제시한다. 책의 세계에서 마음껏 즐거움을 느끼기 위해 팔과 다리, 몸과 정신을 단련하는 셈이다.

3장

도서관도 시민의
애정으로 자란다: 도서관편

시민이 지켜준 도서관

"2018년 1월부터 중랑숲어린이도서관 운영 종료를 알려드립니다."

2017년 겨울, 중랑숲어린이도서관은 존폐 위기를 맞았다. 당시 구청장의 공약사업인 육아종합센터 건립에 어린이도서관 건물이 필요하다는 명목이었다. 도서관 시설을 전부 없애는 것이 아니라 작은 규모로 축소해 육아종합센터로 재설계한다는 취지였다. 중랑구에는 어린이 관련 문화시설이 도서관 외엔 전무한 상황이었는데, 그나마 유일한 공공 어린이도서관을 폐관한다니 너무 막막했다.

도서관을 담당하는 관할 부서와 육아종합센터 건립을 추진하는 부서는 팽팽하게 대립했지만, 결국 힘없는 도서관이 시설을 양보할 수밖에 없는 현실이 눈앞에 다가왔다. 어린이도서관에 온 지 반년 만에 폐관이라니! 사서로서 도서관을 지키지 못한 스스로에게도 화가 났지만, 우리나라 공공도서관의 위치가 이것밖에 안 된다는 현실을 직접 마주하고 보니 참담했다.

어린이도서관이 폐관된다는 소식은 주민들에게도 흘러갔다. 도서관을 자주 이용하는 어린이와 엄마들은 다급하게 도서관으로 몰려왔다. 그리고 '폐관 확정' 소식을 접하곤 함께 절망했다.

"선생님, 도서관이 없어지면, 우리는 이제 어디로 가야 해요?"
"도서관이 있어서 든든했는데, 너무 속상해요."

매일 아침 사서들과 함께 도서관 문을 열고 도서관 창가에서 조용히 책을 즐겨 읽던 남매였다. 남매에 이어 한두 명씩 도서관을 찾아온 아이들은 너나 할 것 없이 속상한 마음을 내비친다.

"선생님, 사서 선생님들과 도서관이 있어서 너무나 행복했는데, 이대로 도서관을 보낼 순 없습니다. 이제는 우리가 지켜줄게요!"

아이들의 등교를 마치고 삼삼오오 모여 도서관에 온 엄마와 동네 주민들은 이대로 도서관을 뺏길 수 없다며 사서들을 다독이고는 무언가 큰 결심을 한 듯 도서관 문을 나섰다. 그리고 며칠 뒤, 구청에서 전화가 왔다. 도서관 인근에 거주하는 주민들이 도서관 폐관에 대한 시위를 준비하고 있다는 소식이다. 반가웠다. 그리고 정말 고마웠다. 사서들 힘으로 지키지 못한 도서관을 살리기 위해 주민이 나서준 것이다.

주민들은 도서관을 살리기 위한 방안을 모색하기 위해 한자리에 모였다. 그런 다음 구청 게시판과 육아종합센터 건립 담당 부서를 대상으로 업무가 마비될 정도로 민원을 제기했다. 이렇듯 주민들의 민원이 거세지자 도서관 폐관과 육아종합센터 건립에 대한 공청회가 열렸고, 그 자리에는 도서관을 사랑하는 구의원, 대학 교수, 어린이집 원장, 그리고 마을 공동체, 아이를 안고 온 엄마들이 모여 한목소리로 도서관 폐관에 항의했다. 불과 며칠 사이 급하게 공지된 공청회였지만, 마을 주민과 아이들은 빼곡히 자리를 채웠다. 공청회 내내 주민들의 거센 민원이 제기되면서 결국 다시 2차 공청회를 열기로 하고 회의는 급히 마무리됐다. 그 자리에 모인 주민들은 공청회장을 나가며 우리 사서들의 손을 잡아주면서 우리가 지켜줄 테니 걱정 말라며 따뜻한 응원을 아끼지 않았다.

이후 열린 2차 설명회와 토론회에서도 주민들은 도서관 폐관에 대한 반대 의견을 더욱 강하게 내세웠고, 그 결과 육아종합센터 건립 계획은 결국 무산되었다. 그리고 센터 건립을 위해 배정된 예산으로 도서관 리모델링을 진행하는 것으로 상황은 마무리되었다.

눈앞에 펼쳐진 믿을 수 없는 광경에 벅차오르는 감정을 억누르기 버거웠다. 고마운 마음을 뭐라 표현할 방법이 없었다. 이후 주민과 도서관 리모델링 운영위원회가 구성되었고 리모델링 절차가 시작되었다. 감사한 마음을 전해드리기 위해서라도 공사는 완벽하게 마무리해야 했다. 우리는 현장을 매일 찾아가 시공사, 설계사와의 끊임없는 신경전을 벌여가며 든든한 후원자인 아이와 주민들에게 보답하기 위해 모든 열정을 쏟아 부었다.

그리고 반년 뒤 2018년 여름, 도서관을 아끼는 주민들에게 재개관 소식을 알릴 수 있었다. 다행히 책과 도서관을 사랑하고 주민 의견을 존중하는 새 구청장의 부임으로 재개관 이후 중랑숲어린이도서관은 전폭적인 행정 지원을 받으며 새롭게 태어날 수 있었다. 이렇게 폐관 위기를 극복한 어린이도서관은 아이들과 함께 성장할 수 있는 시스템, 어린이 시설을 유지하기 위한 인프라 구축을 위해 기반을 다졌다.

인도의 교육가 랑가나단 박사의 '도서관학 제5법칙' 중 도서관인이라면 누구나 공감하는 '도서관은 살아 있는 유기체'라는 말이 있다. 중랑구의 사례처럼, 도서관은 마을 주민과 함께 숨 쉬며 살아가고 있었다. 마을이 지켜준 공공도서관은 지금부터 마을과 주민, 아이들과 함께 힘을 모으며 성장해나갈 것이다.

시민과 함께 성장하는 도서관

천 권 읽기 프로젝트를 기획하면서 우리는 숱한 고민을 하였다. 아이들이 어디서나 책을 쉽게 접하며 읽을 수 있는 환경을 만들기 위해서는 무엇이 가장 필요할까?

내 어린 시절을 떠올려보았다. 전자제품 대리점을 운영한 부모님 덕분에 나는 늘 영상 매체에 노출돼 있었다. 부모님은 수많은 전집과 위인전을 사주며 스스로 책을 읽기를 바라셨지만 나는 늘 TV 앞에만 자리 잡았다. 부모님의 속상한 마음을 아셨는지, 어느 날 초등학교 담임선생님은 동네에 있는 초등학교로 날 데려가셨다. 그 시절 중랑구엔 공공도서관이 없었으므로 아마도 다른 학교 도서관을 구경시켜주고 싶으셨나 보다. 학교 안에 도서관이 있다는 사실이 놀라웠다. 몇십 년이 지난 지금까지도, 수많은 책과 함께 사서 선생님이 반갑게 맞아주던 장면, 담임선생님과 책을 고르며 함께 책을 읽었던 기억이 생생하다. 그날 이후 나는 조금씩 책에 관심이 생겼고, 책을 좋아하는 작은오빠에게서 책 선물을 받은 것을 계기로 스스로 책 읽기를 시작했다.

요즘 아이들은 영상 매체에 완전히 노출되어 있다. 수많은 콘텐츠와 자극적인 영상들이 아이들을 늘 유혹한다. 내 부모처럼 지금의 학부모도 아이들이 책을 좋아하길 원한다. 스스로 책을 읽으며 나름의 독서 습관을 갖길 바라지만, 주변 환경을 둘러보면 결코 쉬운 바람이 아니다. 가장 시급한 건 아이들의 독서 환경을 만들어주는 것인데, 그렇다면 아이들이 스스로 책을 읽게 하는 독서운동이 먼저일까?

나는 아이들의 독서 환경을 만들기 전에 어른들의 독서 습관과 환경을 만드는 것이 우선이라 생각한다. 지역사회와 공공도서관, 그리고 어른이 함께하는 것이 아이들에겐 더 좋은 환경일 것이기 때문이다.

그래서 우리는 우선 육아와 출산, 가족 돌봄으로 사회와 단절된 엄마를 대상으로 독서토론 리더와 동화활동가 프로그램을 기획했다. 아이들이 책과 소통하기 위해서는 가이드 역할을 할 멘토가 필요했고, 그 역할은 곧 엄마가 맡을 것이기 때문이다. 프로그램은 아이와 함께 책을 읽는 방법, 그림책 읽는 법, 책으로 소통하는 방법, 논리적으로 토론하는 법 등 아이를 주체로 한 엄마들의 독서교육으로 기획했다. 그리고 그들이 전문적인 프로그램에 참여할 수 있도록 공공도서관은 모든 예산을 지원받아 운영하였다.

교육을 마친 엄마와 아이들의 독서 환경을 조성하기 위한 도서관의 노력은 계속 이어졌다. 재능 기부를 시작으로 관내 어린이집과 유치원, 초, 중, 고등학교를 직접 찾아가 아이들과 함께 책을 읽고 토론하며 기록하기까지, 다양한 방식을 접목한 독서교육 프로그램이 진행됐다. 그동안 사교육에 전력했던 엄마들은 공교육을 통해 책읽기의 중요성을 알리면서, 함께 책 읽는 문화와 분위기를 조성하는 데 힘을 기울였다. 이러한 노력 끝에 중랑구 교육기관에서는 지금처럼 지속적인 독서 프로그램을 지원해달라는 요청이 도서관으로 쇄도한다.

지역사회에서 공공도서관의 역할은 참으로 다양하다. 남녀노소 누구에게나 평등한 정보를 제공하는 건 물론이고, 함께 배우며 성장하는 기회를 마련하는 것 또한 우리 공공도서관이 해야 할 일들이다. 이제는 공공도서관이 지역사회 아이들을 위한 독서운동을 시작할 시점이 되었다. 다만 독서운동은 공공도서관 단독으로 시행하기엔 역부족이다. 지역사회의 모든 행정부서와 교육기관이 동행하는 것이 가장 우선 되어야 한다.

이러한 차원에서 '취학 전 천 권 읽기'는 지역사회에 독서 인프라를 구축하는 것부터가 시작이었다. 행정적 지원은 물론, 관내 유관기관과 협력 기반이 되어줄 구청, 독서운동 프로젝트를 기획하는 공공도서관, 어린이 집단으로 이루어진 기관이 함께할 작업이다.

구청을 주축으로 인프라를 구축하고 본격적인 독서운동을 전개하기로 했다. 그렇게 시작된 '취학 전 천 권 읽기'는 다독이 우선이 아닌, 하루에 한 권의 책을 읽는 습관을 목표로 삼았고, 중랑구 내 행정과 교육, 공공기관들 간의 인프라를 확대하여 책 읽는 환경을 조성하는 것을 두 번째 목표를 삼았다. 아이들이 어디서나 쉽게 책을 접하며 읽을 수 있는 환경을 조성하는 것을 목표로 한 프로젝트는 코로나19의 장벽을 극복하고 아이의 독서를 시작으로 온 가정과 온 마을로 독서 문화를 확대해 나갔다.

다음으로는 중랑구 전역의 공공도서관과 어린이집, 유치원, 그리고 행정부서인 구청와 함께 책 읽는 문화를 일으키기 위하여 구청은 예산을 전폭적으로 지원하고 공공도서관은 독서교육을 전파할 수 있는 프로젝트를 기획하였다. 이제 중랑구 전역의 어린이집과 유치원 어디서나 공평하게 '취학 전 천 권 읽기' 프로젝트에 참여할 수 있도록 도서관과 연계하는 촘촘한 인프라가 조성되기 시작한 것이다.

독서 멘토인 독서토론 리더와 동화활동가는 책 읽는 즐거움을 알려주기 위해 각 기관을 찾아가 아이들과 함께 책 놀이 프로그램을 진행했다. 그 결과 현재 중랑구 미취학 아동 8,725명(2022년 6월 기준)이 프로젝트에 참여하고 있고, 그 여파는 다른 지역구까지 영향을 미치게 되었다. 서울, 경기, 전라도 등 다양한 지역에서 벤치마킹 요청이 쇄도했고, 도서관을 다녀간 많은 지역에서 천 권 읽기 사업이 시작됐다.

사업 시작 후 5년여의 노력 끝에 책과 연계하며 소통하는 역할을 톡톡히 해내면서, 어린이는 물론, 부모, 가족, 지역 내 독서활동가와 마을 구성원들 간의 유기적인 네트워크가 형성되었고, 그 결과 중랑구는 책으로 소통하는 마을 공동 육아와 집단 독서 성장을 실현했다. 공공도서관이 아이들의 독서교육을 위해 지역사회와 동행하며 성장한 것이다.

취학 전 천 권 읽기도 자란다

"포스트 코로나를 준비하듯이 포스트 천 권도 부탁드립니다."

구청장과 지역주민과의 토론회에서 나온 의견이다. '취학 전 천 권 읽기'에 참여한 아이들이 이제는 초등학생이 되었다. 아이들은 점점 성장했지만 천 권 읽기는 아직도 어린아이들을 위한 독서운동에만 머물러 있었다. 그래서인지 프로젝트가 5년차에 접어들면서 학부모들의 의견은 아이들이 성장하듯 천 권 읽기 프로그램 역시 함께 성장해야 한다는 것으로 모아졌다. 프로젝트가 확장된다는 건, 참여자들이 그만큼 긍정적인 반응을 보인 성공사례라는 방증이므로 매우 반가운 일이다. 다만 우리에게는 또 다른 프로젝트를 구상해야 하는 과제가 기다리고 있어 곤혹스럽지만.

우리는 기쁜 마음으로 다시 한번 프로젝트 구상에 들어갔다. 부모들 의견대로 아이들은 성장하는 데 천 권 읽기는 왜 같이 성장하지 못하는지를 고민할 시기가 온 것이다.

본래의 기획 의도는 모든 생애별 천 권 읽기를 시행하는 것이었다. 사업을 시작할 무렵에는 그것이 과연 실현가능한 일인지, 너무 이상적인 목표는 아닐까 의심했지만, 이제는 현실에서 충분히 구현할 수 있다는 것을 깨달았다.

'취학 전 천 권 읽기' 프로젝트에서 가장 의심받고 지적받은 '천 권'이라는 단어를 초등 과정까지 사용해도 될 것인가.

천 권 TF에서는 처음으로 돌아가 '초등 천 권'을 위한 논의를 시작하였다. 첫 번째 논의는 프로젝트 명칭에 관한 것이었다. 워낙 강한 이미지에 부정적인 견해도 도출하지만, 우리 사업에서 '천 권'이라는 단어를 빼는 건 아쉽지 않을까? 다시 5년 전으로 돌아가 시작하는 기분이었다. 우리는 그때의 기억을 떠올리며 모두 머리를 쥐어짜며 격한 토론을 시작하였다.

"우리의 사업 의도를 정확히 내비칠 수 있는 의견이 필요해요!"
"하루에 한 권, 책 읽는 습관이 우선인데, 그렇다면 하루를 강조할 수 있는, 습관을 도모한다는 의미를 끌어낼 만한 단어를 사용하면 어때요?"
"그렇다고 '천 권'을 버릴 순 없죠."

회의에서는 다양한 의견이 나왔고, 밤늦도록 이어진 회의에서 마침내 '천 권'과 '하루'를 접목한 '초등 천 권, 하루독서'라는 슬로건이 탄생했다.

　슬로건이 정해졌으니 지금부터는 '초등 천 권, 하루독서' 프로젝트를 시행하기 위해 초등학교와의 인프라를 구축하는 것이 우선이다. 우리는 행정부서에서 학교 운영 지원을 맡은 교육지원과의 도움을 받아 구청 도서관팀과 중랑구 내 초등학교를 직접 찾아다녔다. 교장 선생님과 도서관 담당 선생님에게 프로젝트를 설명하고 초등 천 권을 활성화하기 위한 방안으로 프로젝트 참여를 요청했다.

　마음의 준비를 단단히 했지만 학교와의 협력은 만만치 않았다. '취학 전 천 권 읽기'를 위해 방문했던 어린이집과 유치원보다 몇만 배 더 힘들고 어려웠다. 단번에 거절하는 학교도 있었고, 조건을 내세우는 학교도 있었다. 그런가 하면 함께하고 싶다며 교장 선생님이 먼저 손을 내민 학교도 있었다. 그렇게 시작된 '초등 천 권, 하루독서'는 중랑구의 19개 학교와 연계하면서 진행되었다.

　우선 초등생에게 맞는 기록장을 제작해 배포하였고, 학교 시스템에 맞춰 독서토론 프로그램을 기획해 토론리더들을 학교로 보냈다. 그렇게 시작된 프로젝트는 또 다른 고민거리를 안겨주었다.

　초등학생에게 독서는 어떤 의미일까? 학교에 입학하고 나면 대부분 아이들은 사교육에 쫓겨 책을 읽을 시간도, 친구들과 함께 이야기하는 시간도 줄어든다. 이제 입시를 위한 단계를 밟아야 하기에 어쩌면 독서는 사치로 여겨질 수 있다. 사서로서는 가장 안타까운 부분이다.

이번에는 취학 전 천 권 읽기와 다른 방안으로 아이와 학부모가 원하는 의견에 집중해보았다. 그래서 주목하게 된 것이 학교에서 매년 재활용되는 추천도서 목록이었다. 도서관을 방문하는 초등 자녀를 둔 학부모들은 추천도서 목록을 요구한다. 학년별로 연계된 도서 목록이 있는지, 반드시 읽어야 하는 필독도서는 무엇인지, 20여 년간 사서로 지내며 거의 매일 마주한 질문이다.

아이들에게 필독도서는 어떤 의미일까? 반드시 읽어야 하는 책과 읽지 않아도 되는 책이 있을까? 사서 TF는 이러한 안건으로 회의를 진행했고, 아이와 학부모가 원하는 도서 목록집을 만들어보자는 것으로 결론을 지었다.

"학교에서 주는 추천도서 목록, 다들 어떻게 생각해? 내가 초등학교 때 본 목록과 지금 아이들이 받는 목록이 별반 다를 게 없어. 그렇다면 이 부분부터 개선해야 하지 않을까?"

"너무 올드하죠. 20년 전이나 지금이나 추천도서가 동일하다는 건 심각한 문제예요."

"그럼 우리가 만들어보지 뭐."

그렇게 시작된 '초등 천 권, 하루독서'는 양질의 도서를 선정하는 데 발판이 되는 목록을 구상하기 시작했다. 일반적으로 도서만 나

열된 목록이 아닌, 현재 아이들의 관심사와 사회 이슈 등을 기반으로 한 목록을 갖추기 위해서는 관련 부분 전문가의 도움이 필요했다. 독서교육 전문가인 서미경 대표를 모시고, 초등학교 사서 선생님, 독서토론 리더, 성교육 전문가, 천 권 TF 사서들과 함께 하루독서 TF가 구성되었다.

그 결과, 총 6개 분야의 19가지 주제를 개발하여 주제별 연계도서 목록을 개발했고 《하루독서 내비게이션》이라는 이름을 붙여 완성했다. 주제는 초등 대상의 관심 영역을 위주로 선정하며 도서마다 읽기 단계를 표시했는데, 이는 개인별 관심사와 흥미, 문해 수준에 따라 독서를 진행하도록 안내한다. 또한 키워드를 통해 주제 연계도서로 나만의 독서 지도를 만들 수 있는 가이드에 위원들이 직접 작성한 서평도 제공했다.

8개월간 온라인과 오프라인을 병행하며 회의를 진행한 결과, 첫 목록집이지만 매우 만족스러웠다. 그리고 배포가 시작된 후 한 달여 만에 목록집이 소진되었다. 《하루독서 내비게이션》을 구해달라고 사서에게 은밀히 부탁하는 경우도 많았다. 그렇게 처음 시작한 내비게이션은 아이들에게 양질의 도서를 만날 수 있는 계기를 마련했고, 독서교육에 어려움을 겪는 부모에게는 좋은 친구이자 가이드가 되었다 자평한다. 지금도 어린이도서관에 오는 아이와 부모들은 《하루독서 내비게이션》을 함께 보면서 책을 찾곤 한다.

초등 대상 아이들에게 독서 환경을 조성하고 양질의 도서와 만날 기회를 제공했으니, 이제 아이들과 함께 책으로 토론하는 문화를 알려야 할 것 같다. 중랑숲어린이도서관은 재개관한 이후, 초등 대상으로 초등독서토론단 프로그램을 기획하였다. 학년별 독서토론 프로그램으로, 단순히 토론에만 그치는 것이 아니라 매월 주제별 도서를 함께 선정하고, 선정 도서에 대한 비경쟁 토론을 진행한 후 자신과 타인의 의견을 기록하는 글쓰기 수업까지 연장하는 프로그램이다. 체계화된 커리큘럼으로 아이와 학부모의 반응이 뜨겁다.

분기별로 접수를 받고 있는데 접수 시작과 동시에 10초 만에 모든 프로그램이 마감된다. 그리고 나면 수많은 전화가 도서관에 걸려온다. 그중에는 엄마가 마우스 클릭이 느렸다며, 수업이 너무 듣고 싶으니 추가 접수를 해달라는 아이도 있었다. 어느덧 운영 4년 차에 접어든 초등독서토론단은 여전히 아이들이 손꼽는 참여 프로그램이며 참여한 아이들 중에는 토론수업을 듣고 싶어 학원을 2개나 끊고 온 아이도 있었다.

좀 더 많은 아이들의 동참을 위하여 우리는 이 프로그램을 학교로 옮겼다. 그렇게 해서 나온 '찾아가는 초등독서토론단' 프로그램은 학교 시스템에 따라 다소 변형이 있기는 하지만, 새로운 독자층을 발굴함으로써 긍정적인 반응을 얻었을 뿐 아니라 독서 활동가 및 토론 리더들의 활동을 적극 지원함으로써 지역 독서 문화의 활성화에 기여했다.

초등 대상으로 확대한 천 권 읽기 프로젝트는 주민 참여 토론회

등을 통한 지역의 수요를 적극 수렴한 결과로, 지역 독서 운동의 네트워크를 구심점으로 공공도서관의 역할과 가능성을 발견하는 계기가 되었다. 이제는 지역사회와 함께하는 생애별 맞춤 독서운동을 전개하기 위해, 다음 생애인 청소년으로 확대하는 과제가 남았다.

오직 책만이 할 수 있는 것

오수현
前《주부생활》,《올리브 매거진 코리아》,
現 월간《전원 속의 내 집》기자

책을 펼치기가 참으로 어려운 세상이 되었습니다. 어린아이들도 손쉽게 접근할 수 있는 온라인 스트리밍 서비스들과 널리고 널린 영상매체들의 유혹을 뿌리치기가 어려운 까닭입니다. 대학에서 국문학을 전공하고 읽기와 쓰기의 숙명에서 절대 벗어날 수 없는 기자라는 직업을 가진 필자 역시 책을 펼치는 것이 밥 먹듯 쉬운 일은 아닙니다. 손쉽게 보고 들을 수 있는 데다가 재밌기까지 한 영상매체가 즐비한 세상에서도 책만이 가진 고유하고 대체 불가능한 가치를 일찌감치 알아보고 '중랑 취학 전 천 권 읽기' 프로그램에 참여하신 모든 어린이와 학부모님께 존경의 박수를 보내며 글을 시작합니다.

저 역시 책읽기가 쉽지 않다고 말은 했지만, 필자의 어린 시절을 떠올려보면 항상 도서관과 책을 벗으로 삼았습니다. 당시에는 지금처럼 놀거리가 풍부하지 못한 이유도 있었겠고, 부모님이 맞벌이를 하셔서 돌봐줄 사람이 없었던 이유도 있었습니다. 어린 시절 제가 집에 없으면 항상 도서관으로 저를 찾으러 오셨던 부모님이 생각납니다. 도서관과 책은 언제나 제게 부모님이자 선생님, 친구가 돼줬습니다.

책은 어린 시절 제게 '정서적 안정감'을 가져다주었습니다. 책을 읽을 때면 상상의 나래에 푹 빠져 외로울 새도 심심할 새도 없었습니다. 책을 펼치면 어느 곳에든 갈 수 있었고, 누구든 만날 수 있었습니다. 그뿐만 아니라 초등학교 취학 전부터 키워 온 책 읽는 습관이 엉덩이 힘을 길러줘 학년이 올라가면서 '학업에 두척 큰 도움'이 되었습니다. 책을 많이 읽으니 자연스레 어휘력이나 표현력이 또래 친구들에 비해 월등했고 언어능력은 모든 학문을 습득하는 데 기초 중의 기초이니 책 덕을 톡톡히 봤습니다.

같은 책을 읽더라도 어린 시절의 독서 경험은 성인이 되고 난 후의 독서 경험과는 완전히 다릅니다. 딱 그때만 할 수 있는 귀하디귀한 경험입니다. 어린 시절엔 무엇이든 좀 더 진하고 빠르게 체득합니다. 어른이 되고 난 후의 10년이 어린아이일 때의 1년과 같다고 하던가요. 취학 전 꼬마 시절 읽었던 감동적이고 고훈적인 책들이 저에게 알게 모르게 '삶의 진리'를 알려주었고 인간답게 살 수 있도록 독려했을 것입니다.

필자의 경험을 바탕으로 어린 시절 책읽기의 가치와 효용을 줄줄 읊었지만요, 이미 이 글을 읽는 여러분은 오직 책만이 할 수 있는 것과 책읽기의 의미를 더 잘 아시리라 생각합니다. 취학 전 천 권 읽기 프로젝트는 인생이라는 예술작품의 밑그림일 뿐이겠지요. 책읽기를 통해 단단하고 견고한 밑그림을 그린 어린이들은 훗날 세상에 나가 자신만의 멋진 색과 선으로 훌륭한 예술작품을 만들리라 믿어 의심치 않습니다.

천 권 읽기의 마법

정미경
독서토론 전문 강사

독서의 중요성은 누구나 압니다. 그런데 어떻게 된 일인지 문화체육관광부가 2년마다 시행·발표하는 국민독서 실태조사 결과를 보면 국민 연간 독서율과 독서 투자 시간이 점점 줄어들고 있습니다. 책과 멀어지는 현상은 문해력 저하로 이어지고 있어요. 독서의 중요성은 아는데, 책을 가까이하는 인구는 줄어든다니 정말 아이러니한 일입니다.

온라인 동영상, SNS, 게임 등 손쉽게 접할 수 있는 재미있는 매체들은 갈수록 늘어나고, 사람들은 시간이 부족하다며 책을 멀리합니다. 책읽기도 목적성을 가진 타율적 독서가 높은 비율을 차지합니다. 조사에 따르면 독서 이유 1~2위가 새로운 지식·정보 습득과 교양·상식 쌓기이고, 학생들의 경우 숙제와 독후감 쓰기라고 합니다. 책을 읽을 이유나 목적이 사라지면 책도 읽지 않게 되겠지요.

이런 독서문화의 문제점을 바꿔 나갈 기본적이고 중요한 접근은 무엇일까요? 바로 독서 습관 형성입니다. 최근 방영된 EBS의 〈당신의 문해력〉이란 프로그램에서도 문해력과 독서의 밀접한 관계를 중요하게 언급했는데요. 책을 읽는 행위 자체가 재미있어야 책과 평생 친구로 지낼 수 있습니다. 그래서 어릴 적부터 독서 습관을 길러주는 것이 중요합니다.

이런 취지에서 볼 때 중랑구에서 '천 권 읽기, 아이의 미래를 만든다'라는 슬로건 아래 진행하고 있는 '취학 전 천 권 읽기' 프로그램은 그야말로 안성맞춤 프로그램입니다. 마을과 도서관이 함께 나서서 어릴 적부터 책읽기 습관을 가질 수 있도록 자연스럽게 이끌어준다니, 독서문화 형성과 확대에 긍정적이고 희망적인 일이 아닐 수 없습니다. 아이들의 즐거운 독서 경험은 분명 아이들이 폭넓고 창의적인 미래를 꿈꾸고 실현하는 데 마중물이 될 것이기 때문입니다.

'도서관 안내를 보고, 책을 가까이하는 습관 마련을 위해, 지인이 알려주어서, 친구가 하니 아이도 하겠다고 해서' 등 '취학 전 천 권 읽기' 프로그램에 참여하게 된 계기는 다양합니다. 과정은 대체로 꾸준히 즐기며 꾸려 나갔지만, 코로나 등 물리적 상황과 천 권에 대한 심리적 부담 등의 고비가 있기도 했지요. 그럴 땐 비대면 대출, 도서관 대출 도서 외 가정 독서 도서 반영, 단계별 독서 여권, 배지 증정 등으로 도서관에서도 수요자들의 의견을 반영하고 독려하며 함께 걸어 나갔습니다.

프로그램의 시작과 진행 과정은 각각 달랐지만, 모두가 공감할 한 가지 공통점이 있습니다. '취학 전 천 권 읽기'의 마법에 걸렸다는 것이지요. 제일 중요한 것은 책의 재미를 알았다는 것입니다. 도서관에서 선정한 책, 부모님이 권해준 책으로 시작한 책읽기가 이젠 스스로 책을 찾아 읽는 주도적이고 자율적인 책읽기로 이행되었을 텐데요. 책의 재미를 알아 주체적, 적극적으로 책을 찾아 읽는 즐거움이야말로 평생 책과 가까이할 수 있는 가장 큰 힘이 아닐까 생각합니다.

또한 천 권 읽기를 하면서 아이들은 책과 함께 부모님과의 즐겁고 소중한 시간을 꾸렸습니다. 부모님들도 아이를 이해하는 좋은 시간이 되었을 거예요. 이 기억은 무엇과도 바꿀 수 없는 가족의 행복한 자산이 될 것입니다. 독서토론을 진행하다 보면 어릴 적부터 꾸준히 즐겁게 책읽기를 한 어린이들은 어휘력, 표현력, 문해력 그리고 공감력과 사고력이 풍부함을 느끼게 됩니다.

성취감의 힘도 놓칠 수 없습니다. 한 단계 한 단계 격려를 받으며 천 권 읽기의 목표에 도달한 아이들은 첫 성취에 대해 뿌듯하고 행복한 경험을 했습니다. 자기 효능감이 높아진 어린이들은 앞으로도 할 수 있다는 자신감으로 도전하며 자신의 삶을 능동적으로 이끌어가며 성장할 것입니다.

빌 게이츠는 '오늘의 나를 있게 한 것은 우리 마을의 도서관이었다. 하버드 졸업장보다 소중한 것은 독서하는 습관이다'라고 말했다고 합니다. 책읽기의 즐거움을 알아 스스로 도서관을 찾는 아이, 그리고 그런 어른으로 성장한다는 것은 한 개인뿐 아니라 공동체를 위해서도 바람직하고 의미 있는 일입니다. 이를 지원하며 함께 가는 마을과 도서관이 있기에 더 행복하고 든든합니다.

즐거운 독서 경험 '취학 전 천 권 읽기'의 마법은 계속될 것입니다.

3부

천 권 읽기!
이런 책 어때?

1장

취학 전 천 권 읽기
《그림책 놀이터》

취학 전 천 권 읽기 《그림책 놀이터》를 소개합니다

서점이나 도서관의 빽빽한 책꽂이를 보면 괜스레 으물쭈물한 사람들이 있다. 그 어색함이 책에 대한 사랑으로 전환되는 지점은 바로 스스로 책을 골라 읽는 경험의 순간일 것이다. 모든 일에는 처음이 있듯이, 스스로 골라 읽기도 처음에는 연습과 가이드가 필요하다. 부모라도 예외는 아니다.

중랑구의 5개 구립도서관과 18개 작은도서관은 책 고르기가 어려운 부모를 위해 '천 권 서가'를 마련해놓았다. 우리는 2019년부터 준비 작업을 거쳐 매년 도서관 사서, 관내 유치원 교사, 초등학교 사서교사, 지역서점 대표, 그림책 작가, 천 권 참여 부모, 독서교육 전

▲ 중랑숲어린이도서관 천 권 서가

문 강사, 관련 학과 대학생들이 모여 매년 추천도서를 선정한다. 특히 2022년에는 유아를 대상으로 한 테마 그림책 목록집《그림책 놀이터》를 발간했다.

《그림책 놀이터》는 10가지 대주제와 36여 가지 소주제로 이루어져 있다. 해당 소주제는 아이들이 자주 읽는 주제, 필요한 주제를 선정한 것이다. 특히 실제 취학 전 천 권 읽기에 참여하고, 같은 연령대 자녀를 기르는 부모의 의견을 적극 반영했다. 습관, 예의, 환경, 입학 등 다양한 세부 주제는 중랑구에 거주하는 독서교육 초보 부모에게 가이드 역할을 톡톡히 하고 있다.

최첨단 기술과 공개 정보들이 범람하는 이 시대에는 아이들과 학부모를 위한 다양한 교육법과 교육활동이 넘쳐난다. 그중에서도

《그림책 놀이터》 테마 및 세부 주제 소개

	테마	세부 주제 예시
1	이야기 세상으로 떠나요	도서관, 책, 작가별 그림책, 수상작 등
2	상상의 나래를 펼쳐요	글씨 없는 그림책, 도전과 모험의 그림책 등
3	다양한 시선	젠더, 다문화, 장애, 인종, 동물권 등
4	우리 지구에서는	생태, 동물, 식물, 공룡, 과학 일반 등
5	세계를 배워요	세계 문화, 세계 인물, 나라 등
6	우리나라, 대한민국	우리나라, 우리말, 우리 문화, 우리 인물 등
7	생각 주머니를 키워요	어린이 철학, 사고력, 삶과 죽음 등
8	자라는 나, 더 나은 나	인성, 예절, 예의, 생활 습관 등
9	지속 가능한 내일을 위하여	환경, 재활용, 쓰레기 문제 등
10	학교 생활 준비하기	입학, 친구, 학교 생활 등

책은 새로운 주제를 위한 출발과 연구의 도구이자 예술이나 음악, 체육활동으로도 연계할 수 있는 시발점이다. 《그림책 놀이터》에는 이러한 책의 장점을 십분 발휘할 수 있는 요소를 고민한 흔적이 담겨 있다. 중랑구에서 활동하는 전문 동화활동가 그룹 '그림책 정원' 선생님들이 도움을 준 독후활동 가이드와 사서가 제시하는 주제별 독서 미션 등이 그러하다.

《그림책 놀이터》 테마별 추천도서 목록 맛보기

첫 번째 테마: 이야기 세상으로 떠나요

도서관 및 책과 관련된 그림책, 주요 작가별 대표작을 추천하는 꼭지로, 책을 처음 시작할 때, 아이가 특정한 관심사를 찾지 못했을 때 읽으면 좋다. 가장 뻗어가기 좋은 소재는 지금 눈앞에 있는 책에 관한 책, 도서관에 관한 책, 소재나 그림체에 일관성이 있고 내부 장치가 유사한 작가별 책, 국제 수상으로 가치가 인정된 책을 읽는 것이다. 책으로의 첫 발을 과감하게 내딛어보자.

테마별 독서 mission

우연히 책읽기를 시작해보기
눈을 감고 책꽂이에서 가장 먼저 만진 책을 읽어보아요!

대표 추천도서

《도서관에 놀러 가요!》
톰 채핀, 마이클 마크 글 | 척 그로닝크 그림 | 명혜권 옮김 | 다림 | 2020

어린아이들에게 도서관은 조용하고 무거운 곳처럼 느껴질 때가 있습니다. 그러나 이 책 속에 등장하는 도서관은 아주 밝고 즐거운 곳입니다. 주인공은 어느 비 오는 토요일 아침, 지루함을 이기지 못하고 도서관으로 향합니다. 도서관에서 펼쳐본 책 속의 주인공들은 서로 집으로 데려가 달라고 아우성을 칩니다. 아이의 눈높이에서의 도서관은 온통 상상의 공간인 셈이죠. 도서관으로의 모험을 통해 우리는 책을 한층 더 사랑할 수 있게 됩니다. 구절이 반복되는 이 책의 특성은 또 하나의 재미 요소입니다.

그림책 정원과 함께 놀아볼까?

도서 대출 카드 만들기 & 책 속 친구들 소개해보기

1. 책 속의 악보 노래 '도서관에 놀러 가요'를 유튜브에서 감상한다.
2. 도서관에 가서 도서 대출 카드를 직접 만들어본다.
3. 도서관에 가서 책을 '찾고, 꺼내고, 빌려요'를 체험한다.
4. 도서관에서 우리 집으로 데려온 책 속 친구들을 소개해본다.

이런 책도 함께 읽어보자!

No.	주제 키워드	도서명	저자명	출판사	출간 연도
1	#책 #도서관	책으로 전쟁을 멈춘 남작	질 바움 글, 티에리 드되 그림	북뱅크	2017
2		도서관에 놀러 가요!	톰 채핀, 마이클 마크 글, 척 그로닝크 그림	다림	2020
3		도서관 고양이	최지혜 글, 김소라 그림	한울림어린이	2020
4		세상에서 가장 특별한 선물 말고 책!	안-가엘 발프 글, 제랄딘 코스노 그림	바둑이하우스	2019
5		프랭클린의 날아다니는 책방	젠 캠벨 글, 케이티 하네트 그림	달리	2018
6		킁킁! 탐정 개와 도서관 대소동	줄리아 도널드슨 글, 사라 오길비 그림	상상스쿨	2017
7		냉장고로 들어간 그림책	에즈기 베르크 글, 에제 지베르 그림	라이브리안	2022
8		아무것도 없는 책	레미 쿠르종 글·그림	주니어RHK	2021
9		바람숲 도서관	최지혜, 김성은 글, 김유진 그림	책읽는곰	2020

10		나는 개	백희나 글·그림	책읽는곰	2019
11		알사탕	백희나 글·그림	책읽는곰	2017
12		난 책이 좋아요	앤서니 브라운 글·그림	웅진주니어	2017
13		돼지책 케이트 그린어웨이상	앤서니 브라운 글·그림	웅진주니어	2001
14		어떻게 해야 할까요?	모리스 샌닥 글·그림	시공주니어	2013
15	#그림책 작가 #베스트 셀러 #수상작	오싹오싹 당근! 칼데콧 아너상	애런 레이놀즈 글, 피터 브라운 그림	주니어RHK	2020
16		오싹오싹 팬티!	애런 레이놀즈 글, 피터 브라운 그림	토토북	2018
17		그렇게 그렇게	요시타케 신스케 글·그림	주니어 김영사	2021
18		이게 정말 천국일까? 볼로냐 국제아동도서전 라가치상 수상	요시타케 신스케 글·그림	주니어 김영사	2016
19		간식을 먹으러 온 호랑이	주디스 커 글·그림	보림	2000
20		깜박깜박 잘 잊어버리는 고양이 모그	주디스 커 글·그림	보림	2008

두 번째 테마: 상상의 나래를 펼쳐요

그림책의 장르적 특성과 아이들의 상상력을 자극하는 그림책들을 소개한다. 취학 전 아동은 나무나 돌멩이, 구름이나 달님까지 살아 있는 것처럼 대할 수 있다. 그래서 아이들의 모든 놀이는 상상력을 위주로 행해진다. 혼자 소꿉놀이를 하거나 상상의 친구를 만들거나 인형에게 말을 거는 등, 아이들은 돌멩이 하나만 있어도 신나게 놀 수 있다. 이런 상상의 시기에 그림책은 아이들의 창의력을 증진시킨다. 특히 글 없는 그림책 장르는 그림책 하나만으로 아이와 엄청난 상상의 세계를 직접 집필할 수 있는 좋은 소재가 된다.

테마별 독서 mission
상상의 시작은 바꿔보기
추천도서 중 가장 마음에 드는 책의 표지를 새롭게 그려봐요!

대표 추천도서
《바다 체험학습 가는 날》
존 헤어 글·그림 | 행복한그림책 | 2021

오늘은 바다 체험학습 가는 날입니다. 선생님과 친구들이 바다 생물과 오래전 침몰한 배를 구경하고 돌아가려던 때, 주인공 소년은 그만 깊은 바닷속으로 빠져버리고 맙니다. 그리고 소년의 눈앞에는 곧 모험의 세계가 펼쳐집니다. 바다라는 무한한 공간에서 벌어지는 일들은 모두 글 없는 그림책의 형태로 표현됩니다. 그림을 따라가다 보면 독자 또한 고요한 바다를 여행하는 기분을 맛볼 수 있습니다.

그림책 정원과 함께 놀아볼까?

과자로 바다 풍경 표현하기
1. 바다 배경지를 출력한다.
2. 게, 새우, 고래, 물고기, 오징어, 거북이, 해조류, 모래성 등 아이들이 상상하는 바닷속 풍경을 여러 가지 과자를 이용해 만들어보고 이야기를 나눈다.
3. 활동이 끝난 후 과자를 맛있게 먹는다.

이런 책도 함께 읽어보자!

No.	주제 키워드	도서명	저자명	출판사	출간연도
1	#글씨 없는 그림책	바다 체험학습 가는 날	존 헤어 글·그림	행복한그림책	2021
2		안녕	마리 칸스타 욘센 글·그림	책빛	2019
3		달 체험학습 가는 날	존 헤어 글·그림	행복한그림책	2019
4		소리를 보는 소녀	세실 비도 글·그림	한울림스페셜	2019
5		길	주나이다 글·그림	비룡소	2021
6		세상에서 가장 용감한 소녀	매튜 코델 글·그림	비룡소	2018
7	#도전 #모험	그레이엄의 빵 심부름	장 바티스트 드루오 글·그림	옐로스톤	2021
8		물을 싫어하는 아주 별난 꼬마 악어	제마 메리노 글·그림	사파리	2015
9		살금살금, 까치발	크리스틴 슈나이더 글·그림	지양사	2018
10		알바트로스의 꿈	신유미 글·그림	달그림	2021
11		어니스트의 멋진 하루	앤서니 브라운 글·그림	웅진주니어	2020

12	#흥미진진	뭐지? 뭐지!	하오슈오 글·그림	북멘토	2022
13		이까짓 거!	박현주 글·그림	이야기꽃	2019
14		공룡 택배 회사	이혜원 글, 강은옥 그림	해와나무	2022
15		달님과 소년	입 스팡 올센 글·그림	진선아이	2020
16		대단한 참외씨	임수정 글, 전미화 그림	한울림어린이	2019
17		빗방울이 후두둑	전미화 글·그림	사계절	2016
18		슈퍼 토끼	유설화 글·그림	책읽는곰	2020
19		안녕, 끼야콩!	황은아 글·그림	웅진주니어	2022
20		내 방에 괴물이 나타났다!	이은선 글·그림	상상스쿨	2020

세 번째 테마: 다양한 시선

젠더, 다문화, 장애, 인종, 동물권 등 사회에서 제기되는 다양한 문제를 다룬 그림책을 소개한다. 마음과 머리가 말랑말랑한 아이들은 세상을 있는 그대로 본다. 성장은 곧 편견의 생성 과정이기도 하니, 공주책을 좋아하는 아이에게 기존의 공주상을 비트는 책을 함께 읽어주자. 아이의 생각과 시각의 폭은 넓어지고, 마음은 한결 더 따뜻해진다.

테마별 독서 mission

확장하는 독서하기
여성, 유색인종이 주인공이거나 작가인 책을 찾아 읽어보아요!

대표 추천도서

《빨강이 어때서》
사토 신 지음 | 니시무라 도시오 그림 | 양선하 옮김 | 내인생의책 | 2012

빨강이는 하얀 고양이와 검은 고양이 사이에서 태어난 고양이입니다. 엄마, 아빠는 혼자만 털이 빨간 빨강이가 늘 걱정입니다. 엄마, 아빠는 빨강이가 희거나 검어지기를 소망하지만, 빨강이는 있는 그대로의 자기 모습을 인정하는 세상을 찾고 싶어 하지요. 과연 빨강이는 빨강이를 있는 그대로 인정하고 사랑해주는 친구를 만날 수 있을까요? 개인의 개성을 존중해주는 것, 다름을 인정하는 것의 중요성을 일깨워주는 그림책입니다.

그림책 정원과 함께 놀아볼까?

나만의 독특한 고양이 꾸미기
1. 미운 오리 새끼의 이야기를 읽고, 다름에 대해 이야기를 나눈다.
2. 고양이 템플릿이나 그림을 활용해 나만의 독특한 고양이를 꾸며본다(다양한 모양이나 패턴, 마스킹 테이프, 스팽글 등 집에 있는 재료들을 활용한다).

이런 책도 함께 읽어보자!

No.	주제 키워드	도서명	저자명	출판사	출간 연도
1	다양성 / 이해	빨강이 어때서	사토 신 글, 니시무라 도시오 그림	내인생의책	2012
2		오토의 털 스웨터	울리카 케스테레 글·그림	문학과지성사	2021
3		방귀차	김준철 글·그림	웅진주니어	2017
4		스빡강과 스퓨랑	줄리아 도널드슨 글, 악셀 셰플러 그림	비룡소	2019
5		네모 나라 세모 나라 등그라미 나라	프란체스코 토누치 들, 오스터 메이어 그림,	키즈엠	2019
6		토카토 나라에 온 선인장	김수경 글·그림	달그림	2019
7		혼자가 아니야 바녀사	케라스코에트 글·그림	웅진주니어	2018
8		작은 친절	팻 지틀로 밀러 글, 젠 힐 그림	북뱅크	2019
9		샌드위치 바꿔 먹기	라니아 알 압둘라 왕비 글, 트리샤 투사 그림	보물창고	2011
10		우리 엄마는 외국인	줄리안 무어 글, 메일로 소 그림	봄볕	2016
11		깜장이와 푸들 친구들	케이티 하네트 글·그림	JEI재능교육 (재능출판)	2019

12	성교육	괜찮아, 네 잘못이 아니야!	정이숙 글, 센 그림	키움북스	2019
13		아영이 팬티는 노랑 팬티래	정이숙 글. 서영주 그림	키움북스	2019
14	성평등 / 젠더	산타 할머니	진수경 글·그림	봄개울	2019
15		점동아, 어디 가니?	길상효 글, 이형진 그림	씨드북(주)	2018
16		알록달록 내 손톱이 좋아!	알리시아 아코스타, 루이스 아마비스카 글, 구스티 그림	꿈꾸는달팽이	2019
17		여자와 남자는 같아요	플란텔 팀 글, 루시 구티에레스 그림	풀빛	2017
18		여자 남자, 할 일이 따로 정해져 있을까요?	나카야마 치나쓰 글, 야마시타 유조 그림	고래이야기	2018
19		말괄량이 백설공주와 뽐쟁이 왕자 : 양성평등 편	구성애, 조선학 글, 일러스티 그림	올리브엠앤비(주)	2013
20		디스코 파티	프라우케 앙엘 글, 율리아 뒤르 그림	봄볕	2020

네 번째 테마: 우리 지구에서는

과학 분야의 책을 소개한다. 생태, 동물, 식물, 공룡 등 인간 외에 지구를 이루는 수많은 구성원을 그림책으로 만날 수 있다. '왜?'라는 물음표 시기에 시달리는 부모의 고충을 해소해줄 좋은 아이템인 지식책과 과학그림책은 아이들의 호기심을 자극한다. 이맘때쯤 아이들은 공룡이나 벌레, 식물 등 한 가지에 빠져 그 어려운 학명을 줄줄이 꿰기도 한다. 책 한 권이 아이를 미래의 식물학자, 동물학자로 길러낼지도 모른다.

테마별 독서 mission

호기심과 탐구심을 기르기
좋아하는 동물이나 식물, 곤충 등이 주인공인 책을 찾아 읽어보아요!

대표 추천도서

《시큰둥이 고양이》
소피 블랙올 글·그림 | 김서정 옮김 | 주니어RHK | 2022

귀엽지 않아서 가족을 당황시킨 시큰둥한 고양이 '맥스'와 '소년'에 대한 이야기입니다. 하루 종일 벽만 바라보며 앉아 있는 맥스 때문에 소년의 가족은 불만이 많지만, 주인공 소년만큼은 맥스가 아무리 시큰둥하고 나쁘게 행동해도 맥스를 있는 그대로의 모습으로 사랑합니다. 소년 또한 학교에서 책 읽기가 미숙해 친구에게 놀림을 당하는 어린이입니다. 소년과 맥스는 서로의 아픔을 이해하는 과정을 통해 성장합니다. 단순히 동물을 있는 그대로 사랑해야 한다는 가르침뿐 아니라, 서로의 결핍을 채워 나가는 아름다운 우정이 담긴 책입니다.

그림책 정원과 함께 놀아볼까?

맥스 얼굴 표정 꾸미기
1. 솜이나 헝겊, 구긴 신문지 등을 이용하여 양말 안을 채우고, 끈으로 묶거나 바느질로 마감하여 얼굴을 만든다.
2. 여분의 천으로 귀 모양을 만들고 글루 건으로 붙인다.
3. 책을 읽은 후 맥스의 기분은 어떨지 상상해보며, 사인펜으로 맥스의 얼굴을 완성한다.

이런 책도 함께 읽어보자!

No.	주제 키워드	도서명	저자명	출판사	출간연도
1	#공룡	공룡을 키우고 싶어요	박진영 글, 김명호 그림	씨드북(주)	2019
2		끼리끼리 공룡 친구들	나타샤 덜리 글·그림	보림	2021
3		공룡 속으로	헤더 알렉산더 글, 안드레스 로사노 그림	시공주니어	2018
4	#생태 #자연과학	나무의 시간	이혜란 글·그림	곰곰	2021
5		숲 속을 걸어요	유종슬 글, 국지승 그림	스푼북	2021
6		이렇게 같이 살지	김윤경 글·그림	그림책향	2021
7		지구의 일	김용댁 글, 연수 그림	바우솔	2021
8		아늑한 마법	숀 테일러, 알렉스 모스 글, 신이 치우 그림,	다림	2019
9		엄마 아빠와 함께 읽는 정글 이야기	앙드레 잔 글, 마들렌 브륜레 그림	상상	2021
10		우리 집을 찾아 줘!	파블라 하나치코바 글, 린흐 다오 그림	다림	2020
11		참새를 따라가면	김규아 글·그림	창비	2020
12		주렁주렁 열려라	황선미 글, 이희은 그림	웅진주니어	2019

13		담벼락의 고양이 이웃	신지상 글, 방현일 그림	창비	2019
14		네 곁에 있어도 될까?	사라 저코비 글·그림	북극곰	2021
15	#동물권 #동물	별이와 별이	유하 글, 윤태규 그림	키즈엠	2017
16		거를 원합니다	키티 크라우더 글·그림	논장	2022
17		시크둥이 고양이	소피 블랙올 글·그림	주니어RHK	2022
18		마지막 코뿔소	니콜라 데이비스 글·그림	행복한그림책	2021
19		모두의 개	박자울 글·그림	밝은미래	2020
20		앵커씨의 행복 이야기	남궁정희 글·그림	노란돼지	2017

다섯 번째 테마 : 세계를 배워요

세계 여러 나라와 관련한 그림책을 소개한다. 이 테마는 지식 그림책의 지평을 세계와 인물, 역사로 넓힌 것이다. 인물, 문화, 세계 등 다양한 부분의 기본적인 교양을 숙지할 수 있다. 책으로 세계 여행을 떠나보는 것은 어떨까?

테마별 독서 mission

독서에서 지식으로 나아가기
내가 여행하고 싶은 나라의 작가가 쓴 책을 찾아 읽어보아요!

대표 추천도서

《오러와 오도》
이영경 글·그림 | 비룡소 | 2020

중국 구이저우성 등지에 사는 소수민족인 먀오족 사이에 전해 오는 옛이야기로, 그들만의 독특하고 이국적인 전통문화가 생생하게 녹아 있는 그림책입니다. 먀오족의 축제인 '도화절'을 배경으로 펼쳐지는 그림책은 화려한 전통의상과 목가적인 마을 풍경, 순박한 사람들의 표정 등이 따뜻하고 잔잔한 그림으로 표현된 것이 특징입니다. 우리나라 전래동화인 《콩쥐 팥쥐》와 비슷한 내용을 담고 있어 비교해가며 읽으면 더 큰 재미를 느낄 수 있습니다.

그림책 정원과 함께 놀아볼까?

주인공 옷 꾸며주기
1. 오러와 오도를 그려서 꽃춤 놀이에 입고 갈 옷을 꾸며본다.
2. 《콩쥐 팥쥐》를 읽어보고, 같은 부분과 다른 부분을 찾아본다.
3. 알게 된 내용으로 퀴즈놀이를 해본다.

이런 책도 함께 읽어보자!

No.	주제 키워드	도서명	저자명	출판사	출간연도
1	#세계 #문화 #인물	달리의 늑아내리는 시계	박수현	국민서관	2020
2		모네의 정원에서	카티예 페르메이레 글·그림	풀빛	2021
3		에디트 그리고 에곤 실레	하리엣 반 레이크 글·그림	톡	2016
4		나르와 눈사람	캅사르 투르디예바 글, 정진호 그림	비룡소	2017
5		오러와 오도	이영경 글·그림	비룡스	2020
6		위대한 가족의 고향	켈리 스탈링 라이언스 글, 다니엘 민터 그림	꿈터	2021
7		헬리콥터 타고 세계 여행	클레망틴 보베 글, 안느 루케트 그림	국민서관	2016
8		우리집	카슨 엘리스 글·그림	북극곰	2016
9		너는 어떻게 학교에 가?	미란다 폴·바트스트 폴 글, 이사벨 무뇨즈 그림	한겨레아이들	2019
10		엄마는 알까?	원은정 글, 김도아 그림	고래이야기	2018

11		안녕! 우리나라는 처음이지?	모이라 버터필드 글, 해리엣 리나스 그림	라이카미	2019
12		우리 아기 어디 있지?	볼강타미링 바트체첵 글, 고혜진 그림	국립아시아 문화전당	2020
13		미술관에 또 갈래?	헤이즐 허친스, 게일 허버트 글, 릴 크럼프 그림	그레이트 북스	2018
14		파리의 작은 인어	루시아노 로사노 글·그림	블루밍제이	2022
15	#세계 #문화 #인물	조세핀 베이커	이사벨 산체스 베가라 글, 아가트 소르베 그림	달리	2019
16		로자 파크스	리즈베스 카이저 글, 마르타 안텔로 그림	달리	2019
17		에멀린 팽크허스트	리즈베스 카이저 글, 아나 산펠립포 그림	달리	2018
18		병아리	다비드 칼리 글, 다비드 메르베이유 그림	빨간콩	2021
19		덴마크의 이야기꾼 안데르센	김세실 글, 박수지 그림	다락원	2018
20		조지아 오키프	루시 브라운리지 글, 알리스 비첼 그림	책읽는곰	2020

여섯 번째 테마: 우리나라 대한민국

우리나라, 우리말, 우리 문화, 우리 역사, 위인 등에 대한 그림책을 소개한다. 역사와 관련된 주제는 사실 아주 어린 취학 전 아동보다는 '역사'라는 명제를 어느 정도 이해할 수 있는 7세 이상에게 추천한다. 그러나 추석에 대한 이야기나 간단한 옛이야기는 아이들에게 우리가 사는 '나라'에 대한 개념을 처음 알려주기에 좋다. '옛날 옛날에 호랑이 담배피던 시절에~'로 시작하는 많은 이야기는 전 세대를 막론하고 가장 흥미롭고 기억에 남는 이야기일 것이다.

테마별 독서 mission

온 가족이 함께 즐기는 책
가족과 책에서 나온 우리나라 전통 놀이, 혹은 전통 음식을 체험해보자!

대표 추천도서

《괴물들이 사는 궁궐》
무돌 글·그림 | 노란돼지 2021

이 책은 경복궁을 배경으로 궁궐 안에 살고 있는 신비로운 괴물들의 이야기를 그려냅니다. 악당 괴물 두억시니 일당이 궁궐에 몰래 잠입하지만 광화문의 해치, 근정전의 사방신, 경회루의 용 등 정의로운 괴물들이 그들을 가만히 내버려두지 않지요. 궁궐을 돌아다니며 대결하는 모습을 따라가다 보면 흥미진진한 이야기 진행으로 지루할 틈이 없습니다. 경복궁에 숨어 있는 괴물들을 자연스럽게 알게 됨과 동시에 경복궁의 주요 장소들을 그림과 함께 마음껏 상상해볼 수 있습니다. 이 책을 들고 직접 경복궁에서 괴물을 찾아보는 것도 좋겠습니다.

그림책 정원과 함께 놀아볼까?

경복궁 나들이 계획 세우기

1. 궁궐에 언제 갈 건지, 가면 정의로운 괴물 불가사리 사자 천록 해치, 잡상 중 무엇을 먼저 보고 싶은지 책을 참고해 순서를 정해본다(보물찾기 놀이로 하나하나 찾을 때마다 칭찬 스티커나 소원쿠폰을 지급한다).
2. 칭찬 스티커나 소원쿠폰을 만들어본다.
3. 경복궁에 나들이 가서 해보고 싶은 일들을 이야기한다(사진 찍기, 먹거리).

이런 책도 함께 읽어보자!

No.	주제 키워드	도서명	저자명	출판사	출간 연도
1	#한국 #문화 #옛이야기 #역사 #인물	김수한무 거북이와 두루미 삼천갑자 동방삭	소중애 글, 이승현 그림	비룡소	2013
2		깜박깜박 도깨비	권문희 글·그림	사계절	2014
3		호랑이 생일이렷다	강혜숙 글·그림	우리학교	2022
4		눈썹 세는 날	제성은 글, 릴리안 그림	개암나무	2022
5		모두의 태극기	박수현 글, 진수경 그림	책읽는곰	2019
6		날아라 똥제기	임서하 글, 여기 그림	키큰도토리	2017
7		차례	김춘수 글, 신소담 그림	다림	2021
8		물렀거라! 왕딱지 나가신다	김홍신, 임영주 글, 권영묵 그림	노란우산	2016
9		분홍토끼의 추억	김미혜 글, 박재철 그림	비룡소	2011
10		상여 나가는 날	선자은 글, 최현묵 그림	미래아이	2018

11	설날	김영진 글·그림	길벗어린이	2021
12	책 너는 날	김주현 글, 강현선 그림	사계절	2020
13	진짜 대장 이순신	안선모 글, 혜경 그림	다락원	2017
14	한글을 만든 빛나는 임금 세종대왕	노지영 글, 문종훈 그림	다락원	2018
15	신사임당 어릴 적에	박종진 글, 장정윤 그림	키즈엠	2017
16	점동아, 어디 가니?	길상효 글, 이형진 그림	씨드북	2018
17	떡국의 마음	천미진 글, 강은옥 그림	발견	2019
18	동에 번쩍	유다정 글, 권문희 그림	사다리	2020
19	괴물들이 사는 궁궐	무돌 글·그림	노란돼지	2021
20	범 내려온다	김진 글, 김우현 그림	아이들판	2020

일곱 번째 테마: 생각주머니를 키워요

어린이 철학, 사고력, 삶과 죽음에 대한 이야기 등 생각할 거리를 던지는 분야의 책을 소개한다. '생각하고 궁리하는 힘'이라는 뜻의 사고력은 아이를 질문하는 사람으로 기르는 가장 중요한 힘이다. 지식을 넘어선 지식, 인류가 수천 년의 역사와 지식을 쌓았어도 해결이 쉽지 않은 인류 기본의 질문들을 그림책을 통해 만나보자.

테마별 독서 mission

독서의 다른 기능, 내 마음을 달래주는 독서
두려움, 질투. 기쁨, 슬픔 등 나의 감정을 적어본 후 일주일간 감정 일기를 작성해 보아요. 하루하루 오늘의 감정에 해당하는 것을 체크해보고 일주일 동안 나의 감정 변화를 살펴보아요!

대표 추천도서

《100가지 그림》
나오미 윌킨슨 글·그림 | 라이카미 | 2020

호기심이 많은 나이의 유아들과 함께 읽기 좋은 책입니다. 이 책은 알록달록한 색으로 우주, 숲, 화장실, 놀이공원 등 다양한 배경을 바탕으로 숫자 세기, 동물 찾기, 색 찾기, 반대되는 것 찾기 등의 활동을 할 수 있도록 구성되어 있습니다. 책의 맨 앞에 있는 '이 책을 재미있게 활용하는 방법'을 참고해 자녀와 함께 교감 활동을 해보는 건 어떨까요?

그림책 정원과 함께 놀아볼까?

나만의 사전 만들기
1. 색지나 A4 용지를 반으로 접어 아이들이 관심 갖는 주제나 배웠으면 하는 종목을 써본다.
2. 각 주제에 맞는 그림이나 스티커들로 채우고 아래에 이름을 표기한다.
3. 구멍을 뚫고 고리를 채워 나만의 사전을 완성한다.

이런 책도 함께 읽어보자!

No.	주제 키워드	도서명	저자명	출판사	출간연도
1	#사고력 #표현력 #인지발달	100가지 그림	나오미 윌킨슨 글·그림	라이카미	2017
2		고양이 씨앗	린지 글·그림	킹덤북스	2018
3		해럴드 방에 그림을	크로켓 존슨 글·그림	시공주니어	2021
4		다리가 다섯인 기린이 있어요	바루 글·그림	에듀앤테크	2021
5		큰 말 작은 말	길상효 글, 이경준 그림	씨드북	2018
6		아기 곰은 어떻게 되었을까?	구미진 글, 심유정 그림	한국헤딩웨이	2015
7	#삶 #죽음	나는 죽음이에요	엘리자베스 헬란 라슨 글, 마린 슈나이더 그림	마루벌	2017
8		무릎딱지	샤를로트 문드리크 글, 올리비에 탈레크 그림	한울림어린이	2020
9		안녕, 모그!	주디스 커 글·그림	북극곰	2021
10		살아간다는 건 말이야	크리스티안 보르스틀랍 글·그림	길벗스쿨	2021
11		기억의 풍선	제시 올리베로스 글, 다나 울프카테 그림	나린글	2019

12		나의 첫 질문 책: 있잖아, 궁금한 게 있어!	레오노라 라이틀 글·그림	우리학교	2020
13		내 차를 운전하기 위해서는	채인선 글, 박현주 그림	논장	2021
14	#철학 #생각	절대로 누르면 안 돼!	빌코터 글·그림	북뱅크	2018
15		대답 없는 AI	이수연 글, 김소라 그림	발견(키즈엠)	2022
16		지금, 시간이 떠나요	베티나 오브레히트 글, 율리 퓔크 그림	다산기획	2022
17		깜깜한 어둠속에는	미로코 마치코 글·그림	트리앤북	2022
18		팅팅: 팅팅과 책벌레 두그당의 모험	한지안 글, 도금채 그림	더불어다함께	2018
19	#감정	수영장 너머	조명선 글·그림	그림책향	2021
20		주기 싫은 생일 선물	엠마 아드보즈 글·그림	우리학교	2022

여덟 번째 테마: 자라는 나, 더 나은 나

어린이의 인성 함양, 생활습관 등을 다룬 책들을 소개한다. 아이가 두 돌을 넘기면 생활 습관을 위한 책들을 많이 접하게 된다. 활동 반경이 점차 활발해지면서 손씻기와 이닦기라는 기본적인 생활 습관부터 사회적 규범까지 배워야 할 필요성이 생긴다. 이 테마에서는 스스로에게 해를 끼치지 않기 위한 바른 생활 습관과 더불어 타인에게 피해를 주지 않기 위한 인성까지 두루 다룬다.

테마별 독서 mission

싫어하는 음식이 줄어드는 것은 아이가 자란다는 것
내가 싫어하는 음식은 무엇인지 곰곰이 생각해 보고, 싫어하는 음식이 주인공인 책을 찾아 읽어보아요!

대표 추천도서

《두근두근》
이석구 글·그림 | 고래이야기 | 2015

우리는 새로운 환경, 새로운 사람을 접할 때마다 마음이 두근두근 뛰고는 합니다. 책 속 주인공인 브레드 씨 또한 그렇습니다. 낯선 사람과 낯선 환경이 두려워 브레드 씨는 항상 가슴이 두근두근 뜁니다. 그러던 어느 날 밤, 한 동물이 브레드 씨의 빵 냄새에 이끌려 빵집에 찾아옵니다. 두려움에 떨며 혼비백산이 된 브레드 씨에게 앞으로 어떤 일이 펼쳐질까요? 처음에는 두려웠지만 타인과의 교감을 통해 점점 세상 밖으로 나오는 브레드 씨의 모습을 통해 우리는 두려움과는 전혀 다른 새로운 두근거림을 느낄 수 있습니다.

그림책 정원과 함께 놀아볼까?

밀가루 반죽 놀이
1. 밀가루 반죽을 준비해서 빵 모양을 만들어본다(아이와 밀가루 반죽을 같이해도 좋아요).
2. 아이와 함께 빵 이름을 지어본다(용기빵, 건강빵, 힘내빵 등).
3. 빵을 나눠주고 싶은 사람들과 나눠먹는 놀이를 한다.

이런 책도 함께 읽어보자!

No.	주제 키워드	도서명	저자명	출판사	출간연도
1	#식습관	고기를 먹지 않는다면?	세라 엘턴 글, 줄리 맥래플린 그림	키다리	2018
2		뭐, 맛있는 거 없어?	전금자 글·그림	비룡소	2021
3		야옹 의사의 몸 튼튼 비법 노트	박지영 글, 허현경 그림	한겨레아이들	2019
4		편식대장 냠냠이	미첼 샤매트 글, 호세 아루에고, 아리안 듀이 그림	보물창고	2015
5	#생활 습관	슈퍼 히어로의 똥 닦는 법	안영은 글, 최미란 그림	책읽는곰	2018
6		손을 씻어요!	매트 카 글·그림	그린북	2020
7		내가 내가 최고야!	이디르 베샤르 글·그림	봄봄출판사	2020
8		악당을 따라가면 안 돼!	이윤희 글, 신보미 그림	하마	2021
9		혼자 놀아도 재미나요	콜레트 엘링스 글, 마리알린 바뱅 그림	시공주니어	2018
10		내 똥꼬는 힘이 좋아	류형선 글, 박정섭 그림	풀빛	2021

11		색깔을 찾는 중입니다	키아라 메잘라마 글, 체자 달반드 그림	모래알	2022
12		똥방패	이정록 글, 강경수 그림	창비	2015
13		작은 틈 이야기	브리타 테켄트럽 글·그림	봄봄출판사	2020
14		잘 못해도 괜찮아!	기슬렌 뒬리에 글, 베랑제르 들라포르트 그림	나무말미	2020
15		카타가 주주를 만날 때	카타네 바다니 글·그림	에듀앤테크	2021
16		검마는 좋다	채인선 글, 김선진 그림	한울림어린이	2020
17	#인성	거짓말 같은 이야기	강경수 글·그림	시공주니어	2021
18		쌍둥이 강아지에게 생긴 일	치히로 이노우에 글·그림	주니어RHK	2021
19		위를 봐요	정진호 글·그림	현암사	2014
20		넌 나의 우주야	앤서니 브라운 글·그림	웅진주니어	2020
21		두근두근	이석구 글·그림	고래이야기	2015
22		마음을 담은 연주	피터 H. 레이놀즈 글·그림	길벗어린이	2020
23		모자를 보았어	존 클라센 글·그림	시공주니어	2016

아홉 번째 테마: 지속 가능한 내일을 위하여

환경, 재활용, 쓰레기 문제 등, 현재 시급한 환경 이슈를 담은 그림책을 소개한다. 환경오염은 정말 더 이상 피할 수 없는 문제이며, 앞으로를 살아갈 아이들에게는 특히나 생존과 생활에 직면한 문제이기도 하다. 더불어 현재 가장 많은 그림책이 출판되는 분야로, 그 중요성은 이루 말할 수 없다. 아이뿐만 아니라 부모도 함께 책을 읽고, 느끼고, 함께 실천할 수 있는 기회가 되길 바란다.

테마별 독서 mission

실천하는 독서

온 가족 분리수거하는 날! 온 가족이 함께 분리수거를 해봐요! 플라스틱과 비닐을 구분하고, 캔과 유리를 구분해서 분리수거함에 버리는 연습을 해봅시다.

대표 추천도서

《너도 내가 무서워?》
올리브 지음 | 씨드북 | 2021

책의 주인공 플라스틱 쓰레기 섬에게는 커다란 고민이 있습니다. 바로 끝없이 커지면서도 잘게 부스러지는 자신의 몸입니다. 섬은 자기 몸 때문에 바다가 더러워지고 바다 친구들까지 아프게 한다고 괴로워합니다. 우리는 과연 플라스틱 쓰레기 섬의 고민을 해결해줄 수 있을까요? 이 책은 아직은 막연하게만 느껴지는 환경오염의 심각성을 인식하게 해줍니다. 재활용이 돼 크기가 작아지기만을 바라는 플라스틱 쓰레기 섬의 이야기를 통해 환경의 소중함을 다시금 인식할 수 있습니다.

그림책 정원과 함께 놀아볼까?

활용 플라스틱을 이용하여 나만의 화단 만들기
1. 책표지에 대해 이야기를 나누어본다(쓰레기 섬 사진과 영상을 함께 활용한다).
2. 플라스틱 컵이나 요구르트 병을 이용하여 화초를 심어본다.
3. 분리수거에 대해 이야기 나누고, 우리가 실천할 수 있는 방법을 이야기해본다.

이런 책도 함께 읽어보자!

No.	주제 키워드	도서명	저자명	출판사	출간연도
1	#플라스틱 #쓰레기 #과소비	너도 내가 무서워?	올리브 지음	씨드북	2021
2		지구는 네가 필요해!	필립 번팅 글·그림	북극곰	2021
3		쓰레기 먹깨비	로랑스 케메테 글·그림	책읽는곰	2021
4		상자 세상	윤여림 글, 이명하 그림	천개의 바람	2020
5		많아도 너무 많아!	에밀리 그래빗 글·그림	비룡소	2020
6		음식 쓰레기 때문이야	문송이 글, 최나미 그림	꿈터	2021
7		내 방에 찾아온 흙거인	박제옥 글·그림	위즈덤하우스	2020
8	#기후위기 #지구온난화 #공생	30번 곰	지경애 글·그림	다림	2020
9		불타는 지구	이예은 외 글·그림	작가의 탄생	2021
10		어려도 지구는 우리가 구할 거야!	롤 커비 글, 아델리나 리리어스 그림	책읽는곰	2022
11		우리의 섬 투발루	조민희 글·그림	크레용하우스	2020

12		마지막 섬	이지현 글·그림	창비	2021
13		눈보라	강경수 글·그림	창비	2020
14		어디에든 우리가 있어	김혜정 글·그림	리리	2021
15		꿀벌과 거미를 지켜줘	에밀리 바스트 글·그림	풀빛	2020
16	#바다 #오염	제주섬, 바다 지킴이 감귤이	이준엽 글, 성은지 그림	그린씨드	2021
17		안녕, 나의 고래	장은혜 글·그림	크레용하우스	2019
18		할머니의 용궁 여행	권민조 글·그림	천개의 바람	2019
19		소중한 지구의 바다	캐런 브라운 글, 베키손스 그림	언어세상(사파리)	2022
20		우리 곧 사라져요	이예숙 글·그림	노란상상	2021

열 번째 테마: 학교생활 준비하기

취학 전 연령 중에서도 끝머리인 7세를 위한 도서를 담았다. 7세 부모의 '학교'라는 고민을 십분 반영한 테마다. 학교에 관한 실질적 팁을 담은 도서는 물론, '친구'라는 인간관계를 슬기롭게 풀어내는 책들을 담았다. 초등학교에서의 변화하는 독서 활동의 새로운 시작을 알리는 연결점이기도 하다.

테마별 독서 mission

내일을 준비하는 독서
초등학생이 되면 하고 싶은 일 5가지를 적어보고 이야기해보자!

대표 추천도서

《나를 봐》
최민지 글·그림 | 창비 | 2021

아이들의 마음을 솔직하게 표현한 《문어 목욕탕》, 《마법의 방방》의 최민지 작가가 우정을 소재로 지은 그림책입니다. 이 책에서는 낯선 친구를 만나 친구의 다양한 모습을 궁금해하는 과정을 통해 우정을 키우는 아이의 모습을 보여줍니다. 타인을 이해하는 법, 긍정하는 태도의 중요성을 어린이의 사랑스러운 시각으로 묘사합니다. 진정한 친구를 만나고 싶은 모든 아이에게 추천하고 싶은 책입니다.

그림책 정원과 함께 놀아볼까?

행동 맞추기 놀이

1. 책 속 다양한 사람들이 무엇을 하는지 이야기를 나눠본다.
2. 주인공 아이가 무엇을 하고 있는지 맞춰본다.
3. 서로 바꿔가면서 행동 퀴즈를 내어본다.
4. 가장 기억에 남는 행동에 대해 이야기를 나눠본다.

이런 책도 함께 읽어보자!

No.	주제 키워드	도서명	저자명	출판사	출간연도
1	#학교생활	나도 오늘부터 초등학생!	이아 글, 소복이 그림	키위북스	2021
2		학교, 잘 다니는 법	이기규 글, 유경화 그림	사계절	2021
3		컬러 몬스터: 학교에 가다	안나 예나스 글·그림	청어람아이	2020
4		처음 학교 가는 날	제인 고드윈 글, 안나 워커 그림	파랑새	2014
5		학교 가는 날	송언 글, 김동수 그림	보림	2011
6		엄마 아빠와 함께 읽는 학교 이야기	기슬렌 비옹디 글, 로랑리샤르 그림	상상	2020
7		당근 유치원	안녕달 글·그림	창비	2020
8		선물 같은 너에게	구은복 외 2명 글, 조성헌 그림	단비	2021
9		학교 가는데 말이야	서지원 글, 이갑규 그림	스푼북	2021
10		학교는 즐거워	해리엇 지퍼트 글, 아만다 헤일리 그림	키다리	2020
11		나 학교 안 갈래!	미셸린느 먼디 글, RW앨리 그림	비룡소	2020
12		학교가 처음 아이들을 만난 날	아담 렉스 글, 크리스티안 로빈스 그림	북뱅크	2019

13	#친구 관계	서 친구 사귀는 법	다카이 요시카즈 글·그림	북뱅크	2017
14		친구 사귀기 힘들어요	톰 퍼시벌 글·그림	두레	2021
15		내 이름은… 라울	앙젤리크 빌뇌브 글, 마르타 오르젤 그림	나무달미	2022
16		산 너머 사는 내 친구	레나 아로 글, 사라 짐베리손 그림	문학과 지성사	2021
17		나는 힐버트	바두르 오스카르손 글·그림	진선아이	2021
18		나를 봐	최민지 글·그림	창비	2021
19		너랑 친구 안 할래	이주희 글·그림	개암나무	2021
20		멋진 건 다 내가 하고 싶어	김선민 글, 신혜인 그림	마노컴퍼니	2021

2장 ──────────────

초등도 놓칠 수 없어!
초등 천 권 읽기 《하루독서 내비게이션》

초등 천 권 읽기 《하루독서 내비게이션》을 소개합니다

어린 시절에는 곧잘 집어 들던 책에 대한 흥미가 초등학교에 들어와 급감하는 사례는 흔하다. 부모를 비롯한 가족과 함께하던 시절에서 학교와 친구 등 타자를 받아들이는 시기를 맞아 어린이의 세계도 변화하기 시작한다. 외부로부터의 끊임없는 자극은 '혼자 읽는 책'보다는 '함께하는 놀이'를 기반으로 한 또래 집단문화에 방점을 둔다. 유아 시기에 형성된 독서 습관이 이어지지 못하고 쉽게 무너지는 이유이기도 하다.

한편으로는 그림이 줄고 글자가 늘어나는 이야기책을 접하면서, 본격적인 문해력이 요구되는 독서에 흥미를 잃는 경우다. 무작정 다양한 분야의 책을 고루, 많이 읽기보다는 아이의 취향과 흥미를 고려한 독서를 이어나가야 하는 이유도 그래서다. 책을 잘 읽기 위해서는 자신을 먼저 이해해야 한다는 것은 성인 독서도 별반 다르지 않다.

《하루독서 내비게이션》은 바로 이 지점에서 독자에게 적절한 답을 제시한다. 초등 어린이와 양육자를 대상으로 앞서 '취학 전 천 권 읽기' 사업의 '독서여행' 모티프를 이어받아 '독서 지도'로 탄생했다. 독서 여권을 들고 여행을 떠났던 아이들에게 원하는 목적지로 안내하는 작은 길잡이가 되어줄 지도를 들려준 셈이다. 어릴 적 재미있는 책을 읽으면 비슷한 책을 또 읽고 싶다는 생각, 누구나 한 번쯤 해봤을 것이다. 실제로 자료 서비스를 요청하는 양육자들은 "우리 아이가 ○○○라는 책을 좋아하는데, 비슷한 내용을 다룬 책이 있을까요?"라는 질문을 심심찮게 던진다. 관심사뿐만 아니라 연계 독서에 대한 필요성 또한 엿볼 수 있는 대목이다.

이러한 고민에서 시작된 《하루독서 내비게이션》은 중랑구 공공도서관 사서와 학교도서관 사서, 독서교육 전문가를 비롯한 관내 독서 활동가, 어린이 콘텐츠 전문가 등의 협업으로 제작됐고, 어린이의 독서 흥미와 시의성을 그러한 10가지 주제 및 연계 주제로 전개되는 방사형 독서 지도의 형태를 갖추었다. 뿐만 아니라 각 도서마다 읽기 레벨을 표시해 개인별 관심사는 물론, 문해 수준에 따라 독서 진행이 가능하다.

《하루독서 네비게이션》은 지역 독서 관계자들이 적극 참여하며 유의미한 도서 데이터를 구축했다는 점에서 지역 아카이빙의 초석이 되었을 뿐 아니라, 기존의 교과서 중심 목록이나 부모의 선택으로 제한되던 도서 선택에 어린이의 자율성과 독서 흥미를 반영했다는 점에서 의의가 있다.

초등 천 권 읽기 《하루독서 내비게이션》의 분야별 주제

분야	주제	세부내용
인문	감정	인성 및 감정에 관한 내용
	관계	학교 생활, 친구 관계, 소통 등 관계에 관한 내용
문화	문화	역사, 예술, 문화체험 등을 포함한 전반적 내용
사회	공동체	사회 공동체를 이루는 여러 요소에 관한 내용
	사회 문제	폭력, 차별, 사회이슈 등 여러 사회 문제에 관한 내용
과학	미래기술	우주, 인공지능, 빅데이터, 로봇 등 미래기술 관련 내용
환경	소비	소비(소비구조, 소비습관 등)로 인해 파생되는 환경 문제에 관한 내용
	동물권	반려동물을 포함한 동물 전체의 권익 및 관련 환경에 관한 내용
	기후	가장 대두된 환경 문제 중 하나인 기후 오염에 관한 내용
인권	젠더	첨예한 대립을 이루고 있는 젠더 문제와 성인지 감수성 및 관련 내용

초등 천 권 읽기 《하루독서 내비게이션》
주제별 추천도서 목록 맛보기

10개의 섬으로 떠나는 독서 모험

《하루독서 내비게이션》은 주제 연계 독서를 위한 독서 지도로, 총 6개 분야(인문·문화·사회·과학·환경·인권)에 속하는 10가지 주제(감정·관계·문화·사회문제·공동체·미래기술·동물권·기후·소비·젠더)를 통해 각 주제별 대표도서 및 연계도서를 선정함으로써 개인별 관심사 및 흥미 위주의 독서가 가능하다.

초등 어린이의 흥미와 시의성을 고려해 주제를 선정했고, 기존의 초등 권장도서가 같은 목록을 재활용하고 최신성이 부족하며 교과서 중심의 도서로 꾸려져 온 한계점을 보완하여, 보다 다양한 시선을 반영한 독서 길잡이를 저작했다. 《하루독서 내비게이션》과 함께 나만의 독서 지도를 만들어보는 것은 어떨까?

주제연계도서	인사	정의의 용사는 너무 힘들어	복희탕의 비밀
	난민	배려의 여왕이 할 말 있대	그렇게 나무가 자란다
	높이 더 높이	우리 삼촌은 자신감 대왕	우리 집에 늑대가 살아요
	몬스터 차일드	오떡순 유튜버	난생신화 조작 사건
	그레타 툰베리	세상 모든 괴롭힘	가짜 뉴스 방어 클럽
	내 친구 황금성	노아의 스마트폰	숲으로 간 사람들
	동단비 옆 동바람	다음 왕따는 누구?	우리 동네 택견 사부
	곰의 부탁	내 탓이 아니야	사라져라 불평등
	정의로운 은재	프렌드북 유출사건	체리새우: 비밀글입니다
	유통 기한 친구	브이로그 조작사건	어린이가 알아야 할 가짜 뉴스와 미디어 리터러시

▲ 《하루독서 내비게이션》 주제 연계 지도의 예

정치, 경제문제

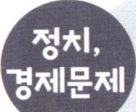

작은 새
그냥, 은미
선생님, 정치가 뭐예요?
선생님, 경제가 뭐예요?
이토록 불편한 바이러스
스페인 독감
북한 안내서
남북 공동 초등학교
너, 그 사진 봤어?
곰이 왔어!

모두가 원하는 아이
벽이(낮은산 작은숲 7)
여자도 달릴 수 있어!
천장 위의 아이
두 아이 이야기
할머니의 식탁
학교잖아요?
옆집엔 누가 살까³
난민 말고 친구
벌집이 너무 좁아

니 이름은 난민이 아니야
케피우유와 소보로빵
체리새우: 비밀글입니다
두근 기차의 정거장
마거릿, 아폴로호를 부탁해!
디지털 성범죄와의 전쟁
열네 살, 학교 폭력 어떡하죠?
울뻑 이겨요! 코로나19 바이러스
0-빠는 오늘도 학교에 왔다
ㅁ 얀마, 마웅저 아저씨의 편지

세상에서 가장 슬픈 여행자, 난민
지혜로운 멧돼지가 되기 위한 지침서
출동! 우리 반 디지털 성범죄 수사대

주제연계도서

너를 빌려줘
수상한 기차역
세금 내는 아이들
내가 보여?
다른 사람들
나는 귀신
모둠활동 딱 싫어
도둑맞은 김소연
오늘도 수줍은 차마니
우리 반 채무 관계

Charlotte's Web
윌리와 휴
앵무새 죽이기
양순이네 떡집
소원 떡집
장군이네 떡집
수상한 전학생
아홉 살 내 사전
아홉 살 느낌 사전
아홉 살 마음 사전

시릴, 그 녀석은 너랑 달라!
쓸모없는 나라의 프린스
나는 사자
따뜻한 나라의 북극곰
고양이 마음 사전
강아지 시험
새빨간 입술 젤리
말들이 사는 나라
어서오세요 만리장성입니다
최악의 모둠? 협동으로 바꿔 바꿔

▲ 《하루독서 내비게이션》 주제 연계 지도의 예

가족 관계

다양한 이웃관계

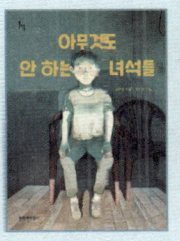

별빛 전사 소은하
체리새우: 비밀글입니다
난민소년과 수상한 이웃
우정 계약서
긴긴밤
그렇게 그렇게
어쩌다 가족
우리 집 복덩이
게임 파티
엄마는 게임 중독

안전 나를 지키는 법
학교, 잘 다니는 법
도개울이 어때서!
나무가 된 아이
변신돼지
위를 봐요
숲 속으로
나의 둔촌아파트
시골꼬마 만복이
동생 잃어버린 날

아주 특별한 날
잔소리 없는 날
엄마가 안아 줘!
앵그리맨
여행 가는 날
내가 함께 있을게
굴뚝귀신
5번 레인
걱정 (덜어내는) 책
누군가 뱉은

할아버지 집에는 귀신이 산다
마땅히 누려야 할 인권 탐구생활
미란D-에게 찾아온 특별한 선물
재활용, 쓰레기를 다시 쓰는 법

첫 번째 섬 '감정'

세부 주제: 긍정 감정 / 부정 감정 / 다양한 감정표현 / 자존감·자아

타자와의 소통에 있어 자신의 감정을 명확히 아는 과정은 필수적이다. 특히나 '학교'라는 본격적인 사회생활을 앞둔 초등 어린이라면 단순히 '좋다', '나쁘다'를 넘어선 여러 감정의 종류를 탐색해볼 필요가 있다. 첫 번째 주제 '감정' 파트에서는 다양한 상황에서 발생할 수 있는 감정을 소개한다.

《그 녀석, 걱정》

안단테 지음 | 소복이 그림 | 우주나무 | 2018 | ALL

마음 속 부정적인 감정을 다루는 이야기다. 전학생이 오고 난 후부터 주인공의 몸에 작은 점이 생긴다. 그 녀석은 아주 끈질겨서 아무리 떨쳐내려 해도 떨어지지 않고, 오히려 점점 자라 방 안을 가득 채운다. 참다못해 소리치는 주인공을 향해 그 녀석은 '네가 나를 불렀잖아'라고 대답한다. 부정적인 감정은 나도 모르는 사이 마음속에 자리 잡는다. 떨쳐내려 해도 떨어지지 않고, 두려움에 외면할수록 점점 커진다. 정면으로 바라보고 무엇이 그 녀석, 걱정을 불러냈는지 알아야 한다. 주인공은 곧 어떤 마음이 걱정을 불러일으켰는지를 알아챈다. 그 사실을 깨닫자 걱정은 금세 작아져 사라져버린다. 이 책을 읽은 어린이들이 내 마음속 부정적인 감정을 정면으로 마주보며 다룰 수 있는 사람으로 자라길 바란다.

주제 연계도서

  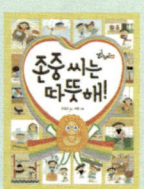

두 번째 섬 '관계'

세부 주제 : 친구 관계 / 학교 관계 / 가족 관계 / 소통 방식 / 다양한 이웃 관계

초등 어린이는 학교라는 사회를 겪으며 '나'로부터 타자와 세상으로 나아간다. 두 번째 주제 '관계' 파트에서는 어린이의 사회화 과정에서 필수적인 소통 방식에서부터 다양한 관계들을 소개한다.

《내 맘대로 친구 바꾸기 앱》
김민정 지음 | 송효정 그림 | 미래엔아이 세움 | 2019 | 2단계(● ●)

학교라는 사회에 첫 발을 내딛은 아이들에게 가장 중요한 관계는 친구 관계가 아닐까. 가족이 아닌 타인에게 인정받고 구성원으로 받아들여지는 경험은 사회적 관계의 토대가 되기 때문이다. 그렇기 때문에 아이들은 그 어떤 관계보다 친구 관계에 영향을 많이 받곤 한다. 이러한 상황에서 '내 마음대로 친구 바꾸기 앱'을 통해 내 마음에 쏙 드는 친구를 사귈 수 있다면 어떨까? 그런 친구와는 정말 좋은 관계를 만들 수 있을까? '친구를 바꾼다'는 재미있는 상상을 토대로, 관계와 소통에 대해 생각해보게 하는 책이다. 나에게 완벽한 누군가를 찾을 때, 과연 나는 다른 사람에게 얼마나 완벽한 사람일지 생각해보자.

주제
연계도서

세 번째 섬 '문화'

> 세부 주제: 역사문화(사건) / 역사문화(문화재) / 예술(예술가·작품)
> / 문화체험(현대 문화) / 문화체험(세계 문화) / 문화체험(전통·예술)

역사와 예술, 문화체험 등을 포함한 문화 전반을 다룬다. 인물과 사건 관련 역사를 비롯해 초등 어린이가 관심 가질 만한 트렌드 등을 다룬 현대 문화, 세계인의 각종 문화를 엿볼 수 있는 세계 문화 등을 다룬다.

《골목을 걷다》

남성훈 지음 | 남성훈 그림 | 계수나무 | 2018 | ALL

옛 골목길의 풍경을 보여주는 정감 있는 그림으로 가득한 책이다. 아이가 집으로 돌아가는 골목길은 재미난 일로 가득하다. 새끼 고양이를 쓰다듬고, 나비를 따라갔다가, 깨금발로 사방치기도 한다. 화투 치는 아주머니들과 햇빛에 바짝 마른 곡식도 지나간다. 골목골목을 쏘다니던 아이는 집에 도착하자마자 책가방을 던져놓고 친구를 만나러 뛰어간다. 해가 저물 때쯤 골목 여기저기에서 반가운 소리가 들려온다. "오빠, 엄마가 밥 먹으래!" 말끔하게 포장되어 자로 잰 듯한 요즘 골목길과는 사뭇 다른 풍경이다. 골목 여기저기에 놓여 있던 깨진 구슬과 새끼 고양이, 잘 마른 곡식들은 어디 갔을까? 이 책을 통해 사라진 골목길을 돌아보며 정을 느끼는 시간이 되기를 바란다.

주제 연계도서

네 번째 섬 '사회 문제'

세부 주제 : 사회적 약자 / 학교 문제 / 정치·경제 문제

우리 사회에서 발생하는 크고 작은 사회 문제를 다룬다. 난민과 장애인, 노인 등 소외계층에 대한 사회적 차별을 다룬 이야기부터 학교나 이웃 등 가까운 사회 구성원 간 발생할 수 있는 다양한 사건에 이르기까지, 주변에서 쉽게 만나볼 법한 사회 문제를 고루 다룬다. 이 파트를 통해 함께 사는 사회를 위한 다양한 가치를 배움으로써 폭넓은 시각을 갖춰보자.

《156층 비구디 할머니》

델핀 페레 지음 | 세바스티앵 무랭 그림 | 양진희 옮김 | 미래아이 | 2020 | 1단계(●)

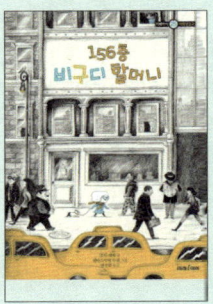

거대한 도시의 높은 빌딩 156층에 사는 비구디 할머니는 도시의 이곳저곳을 다니고 친구들을 만나는 등 활동적인 나날을 보낸다. 그 옆에는 언제나 반려견 알퐁스가 함께 있다. 어느 날 늙은 알퐁스가 숨을 거두자 깊은 슬픔에 잠긴 할머니는 집 밖으로 나오지 않는다. 오랫동안 마음의 문을 닫고 혼자만의 세상에서 살던 할머니는 이웃의 작은 관심으로 집 밖으로 나오고 다시 친구들을 만나며 사람들과 소통하게 된다. 서로를 향한 따뜻한 관심과 배려가 삶의 위안과 힘이 된다는 것을 유쾌하게 전한다.

주제 연계도서

다섯 번째 섬 '공동체'

세부 주제: 공동체 가치 / 공동체(문제 해결)

우리 사회를 이루는 다양한 공동체 이야기와 그 요소에 관한 도서들을 담았다. '사회 문제' 주제에서 다룬 다양한 사건과 현상을 공동체적 관점에서 바라보고 그 가치와 해결방법을 모색한다. 함께 사는 사회를 위한 다양한 가치를 배움으로써 폭넓은 시각을 갖춰보자.

《소음 모으는 아파트》

제성은 지음 | 국민지 그림 | 예림당 | 2019 | 2단계(●●)

지금처럼 이웃과의 거리가 어려운 시대도 없을 것이다. 개인의 사적 영역을 보장받으려는 욕구는 최대치에 달하지만 도시생활의 물적 거리는 서로에게 영향을 받을 수밖에 없게끔 설정되어 있다. 현대 주거지의 상징과 같은 아파트가 바로 그렇다. 벽 하나를 사이에 두고 많은 가구가 밀접해 있다 보니 이웃에 대한 배려는 쉽게 잊을 수밖에 없다. 이 책은 그러한 이웃과의 거리와 배려에 대한 이야기로, 소음을 피해 새로운 아파트로 이사 간 가족을 그린다. 정체불명의 소음 배출 서약서와 소음 사냥꾼이 등장하는 판타지 세계로 떠나보자.

주제 연계도서

여섯 번째 섬 '젠더'

세부 주제 : 직업 성평등 / 교내 젠더 갈등 / 양성평등 가치관

사회적으로 첨예한 대립을 이루는 젠더 문제와 성인지 감수성 관련 주제를 담았다. 양성평등 가치관이 대두됨에 따라 성교육은 물론 더욱 포괄적 개념인 성인지 교육이 중요해졌다. 여기에 교내 젠더 갈등 사례 등을 다룬 도서를 통해 우리 사회가 당면한 젠더 문제를 살펴본다.

《슛》

나혜 지음 | 나혜 그림 | 창비 | 2021 | 1단계(●)

테이블 축구대 위에 봉으로 가지런히 연결되어 있는 선수 인형들이 있다. 등 뒤에 연결된 봉은 선수들의 의사와 상관없이 그들을 움직인다. 등을 옭아매는 봉이 불편했던 한 선수가 봉에서 벗어나 마음껏 공을 차며 운동장을 누빈다. 거대한 손이 선수를 다시 봉에 끼워 넣지만, 이내 다시 벗어난다. 그를 본 다른 선수들도 봉에서 벗어나 달리기 시작한다. 다양한 머리 모양을 하고 있는 선수들은 여성으로 보인다. 그래서일까? 움직임을 제한하는 봉과 자꾸 다시 봉에 끼워 넣는 거대한 손이, 마치 여성들에게 '가만히 있으라'고 하는 사회처럼 느껴진다. 그러나 선수들은 결국 공을 따라 운동장 너머까지 달려 나간다. 이 책을 읽은 어린이들도 자신을 정해진 틀 안에 가두지 않고 자유롭게 달려 나가는 사람이 되길 바란다.

주제
연계도서

일곱 번째 섬 '미래기술'

> 세부 주제: 우주 / 가상공간 / 빅데이터 / 미래사회 / 인공지능

미래를 이끌어갈 대표적인 기술 산업 일반을 다룬다. 인공지능을 비롯해 팬데믹 시대에 더욱 대두된 가상공간에 관한 내용, 빅데이터 등이 언급된 도서들로 이루어져 있다.

《우주로 가는 계단》

전수경 지음 | 소윤경 그림 | 창비 | 2019 | 3단계(●●●)

사고로 가족 모두를 잃은 지수는 이웃에 사는 물리학자 할머니를 만나 친구가 된다. 세상 만물 이치를 과학 이론으로 바라보는 지수에게 할머니는 더없이 소중한 상대가 되지만 할머니는 어느 날 갑자기 암호를 남긴 채 사라진다. 그를 찾기 위해 단서를 풀어가던 지수는 아름다운 우주의 비밀들을 발견하며 자신을 짓누르던 상실감에서 차츰 벗어난다. 잃어버린 소중한 사람이 어딘가에 있을 것이라 믿는 지수에게 과학은 단순히 학문이 아닌, 삶을 설명하고 지탱하는 버팀목이었을 것이다. 평행 우주 이론과 상대성 이론 등 유수한 과학 이론이 지수의 일상과 촘촘히 연결되어 즐겁게 읽힌다.

주제
연계도서

여덟 번째 섬 '기후'

세부 주제 : 기후 종합 / 환경실천 / 기후 위기

우리 사회가 당면한 가장 시급한 환경 문제 중 하나인 기후를 다룬다. 기후 문제가 인간과 동물에게 미치는 영향에서부터 위기를 극복하기 위한 실천에 이르기까지 광범위한 도서를 다루고 있다.

《눈보라》

강경수 지음 | 강경수 그림 | 창비 | 2021 | 1단계(●)

빙하가 녹아 사냥을 할 수 없는 북극곰 눈보라는 먹이를 구하기 위해 마을로 내려가고, 사람들에게 친숙한 판다로 변장해 마을의 환심을 얻는 데 성공한다. 그러나 곧 그 정체가 드러나 죽음의 위기에 처하는데, 살아남기 위해 본모습을 버려야 했던 눈보라는 아이러니하게도 자기 이름과 같은 눈보라가 몰아쳐 기적적으로 살아남는다. 눈보라의 모습은 마치 기후 위기로 인한 난민들을 떠올리게 한다. 환경과 타자에 대한 현대인의 무의식적 폭력 행위를 날카롭게 풍자하는 이 책을 통해 세상 모든 존재가 그 존재답게 살아갈 수 있기를 바란다.

주제 연계도서

아홉 번째 섬 '동물권'

세부 주제: 공존 / 이론

반려동물은 물론 야생동물에 이르기까지 동물 전체 권익 및 그 관련 환경을 다룬다. 사람은 물론 지구상에 공존하는 동물들의 복지 또한 중요한 문제로 떠오르는 요즘, '동물권'은 더 이상 낯선 단어가 아니다.

《이너시티 이야기》

숀 탠 지음 | 숀 탠 그림 | 김경언 옮김 | 풀빛 | 2020 | YOUNG ADULT

산업화되면서 도시에는 사람 이외의 동물들이 흔적을 감추기 시작했다. 동물들은 사라진 것일까, 숨어 있는 것일까? 작가 숀 탠은 사라진 동물들의 그림자를 도시 곳곳에 드리운다. 아파트 87층에 사는 악어들과 회의실의 개구리들, 어느 순간 도심 위로 날아오르는 나비떼, 초현실적인 동물들의 그림은 인간의 전유물이라 여겼던 지구라는 행성에 수많은 존재가 살고 있다는 사실을 환기시킨다. 비단 동물뿐만이 아니다. 인간의 방식대로 만들어진 세상 모든 곳은 인간 자신조차도 소외시킨다.

**주제
연계도서**

열 번째 섬 '소비'

> 세부 주제: 실천 / 이론

소비 구조 또는 소비 습관 등 소비로 인해 파생되는 환경 문제들을 다룬다. 무분별한 소비로 버려지는 쓰레기는 이제 환경오염의 커다란 주범이다. 소비 구조를 개선하기 위한 리사이클링 등 '착한 소비'를 다룬 도서들도 주목할 만하다.

《우유 한 컵이 우리 집에 오기까지》

율리아 뒤르 지음 | 율리아 뒤르 그림 | 은혜정 옮김 | 우리학교 | 2021 | ALL

우리가 매일 먹는 달걀, 우유, 과일, 빵, 고기는 모두 어떻게 만들어진 것일까? 이 책의 제목처럼 모두 누군가가 기르고 수확하고 포획하거나 도축하는 등의 과정을 거쳐 우리에게 온 것이다. 한 면의 전부를 차지하는 그림은 주관적인 내용이 개입되지는 않지만, 그 과정을 상세히 설명함으로써 자연스레 동물권과 환경에 대한 내용을 상기시킨다. 윤리성 여부를 따지지 않더라도 우리가 먹는 음식이 어떤 인위적 작용을 거쳐 만들어졌는지 아는 것은 의미가 있다. 그러한 사실 관계를 파악하는 데서부터 소비에 대한 근본적 인식이 변화할 수 있을 것이다.

주제 연계도서

추천사

류경기
중랑구청장

《취학 전 1000권 읽기》의 발간을 축하드리며 바쁜 와중에도 시간을 쪼개어 책을 완성해준 이지유 관장과 여현경, 이신영 사서를 비롯한 많은 분들께 더없는 감사의 마음을 전합니다.

우리 중랑구가 국내 최초로 시작한 '취학 전 천 권 읽기 사업'은 아이에게 책 읽는 즐거움은 물론, 평생을 즐길 수 있는 좋은 습관을 선물하기 위한 교육 인프라 프로그램입니다. 2018년부터 시작한 사업에 어느덧 8,275명의 아이들이 동참하고 217명의 아이들이 천 권을 읽는 등, 이제는 아이뿐만 아니라 함께 도서관을 방문하던 부모와 가족까지 이 '천 권'이라는 이야기에 흠뻑 빠져 있습니다. '사람은 책을 만들고, 책은 사람을 만든다'라는 말처럼 아이들이 읽은 저 책들은 아이들이 살아가는 데 더없이 훌륭한 자양분이 되어줄 것입니다. 중랑구의 구청장으로서 이제는 중랑구 어디에서도 낯설지 않은 이 독서 열기가 너무나 반갑고 감사한 마음입니다.

'지지자불여호지자, 호지자불여락지자 知之者不如好之者, 好之者不如樂之者'

라는 말이 있습니다. '아는 사람은 좋아하는 사람만 못하고, 좋아하는 사람은 즐기는 사람만 못하다'는 뜻이지요. 독서가 좋다는 사실은 누구나 알고 있습니다. 그런데 독서를 즐길 줄 안다는 것은 단순히 좋아하는 것과는 다릅니다. 흥미를 지속하기 위해 꾸준함이 필요한 것처럼 독서 행위에도 튼튼한 독서 근육이 필요합니다. '취학 전 천 권 읽기'는 바로 이 독서 근력을 길러주기 위한 사업입니다. 매일매일 책을 만지고 마을 도서관에 방문하는 일이 즐겁게 느껴지도록 만드는 일이지요.

중랑구 도서관의 천 권 담당 사서들이 함께 만든 《취학 전 1000권 읽기》에는 사업의 시작과 확장에서부터 독서를 즐길 수 있는 세심한 방편들이 담겨 있습니다. 책 속 이야기를 하나하나 따라가다 보면 더 이상 '천 권'이라는 숫자는 중요하지 않게 됩니다. 숫자는 하나의 상징일 뿐, 천 권 읽기 사업의 핵심은 매일 책을 읽고 만지는 과정에서 오는 수많은 경험 속에 있음을 알게 되기 때문이죠.

우리는 오늘도 다양한 이야기 속 주인공들과 만나 새로운 세상을 경험합니다. 시공간의 제약 없이 존재하는 책 속의 친구들은 독자를 한층 더 넓고 깊은 사람으로 성장하게 하지요. 여기 담긴 이야기들을 든든한 친구로 삼아 어린이의 독서 여행에 함께해주세요. 중랑구는 독서문화 확산을 위해 앞으로도 지원을 아끼지 않겠습니다. 감사합니다.

닫는말

나의 책 그리고 내일의 책에게

여현경
중랑숲어린이도서관 사서

　나는 한동안 이력서나 프로필 취미란에 '독서'라고 쓰는 것을 주저했다. 그렇게 적어버리면 왠지 취미나 열정 하나 없는 평범한 사람이 된 기분이 들었기 때문이다. 차라리 서핑이라든가 목공예라든가, 뭔가 더 있어 보이는 취미를 가지고 싶었다. 취미란을 멋지게 장식하고 싶어서 여러 가지 교양 교육도 받고 도전해보기도 했다. 하지만 따지고 보면 결국, 시작은 늘 책이었다. 서핑을 해보고 싶으면 서핑 예찬을 담은 책을 찾아보고, 고궁 산책을 할 때면 고궁에 대한 역사책이나 에세이를 읽는 것이 일종의 습관이었으니까.

　나를 읽는 인간으로 만든 사람은 바로 부모님이다. 책에 대한 나의 최초 기억은 엄마가 도서관에서 빌려다 주신 동화책과 아빠와 함께 간 커다란 서점이다. 부모님이 의도하셨는지는 모르겠지만, 적어도 책 한 권은 항상 가방에 넣어 다니는 어른으로 자랐으니 어느 정도 성공한 교육방식이 아닌가 가끔 생각한다. 돌이켜보면 아쉬운 점도 있다. 내 고향은 도서관 사서는 찾아볼 수도 없는 책 문화 불모지였다. 그 시절 동네에 좀 더 그럴듯한 도서관이나 서점이 많아서 더 많은 책과 만날 기회가 있었다면? 부모님 외에 책 읽는 방법을 언제든지 안내해줄 안내자가 있었다면? 그랬다면 나는 지금보다 훨씬 더 많이 책을 읽은 사람이 되지 않았을까 하는 아쉬움이다.

그래서 나는 적어도 우리 도서관에 오는 아이들만큼은 아쉬움이 남지 않았으면 한다. 아이들이 읽고 싶어 하는 책이 도서관에 꼭 있으면 좋겠고, 책을 재미있게 읽는 법을 언제든지 안내받을 수 있으면 좋겠다. 오늘은 읽었지만 내일은 읽지 않을 수 있다. 그러나 언제든 읽을 마음이 다시 든다면, 책을 만날 수 있으면 좋겠다. '취학 전 천 권 읽기'는 동네 도서관인 우리가 아이들과 그 가족들을 책 세상으로 이끄는 경로 중 하나일 뿐이다.

이별할 때 꼭 듣는 이별 노래가 있고, 울고 싶을 때 꼭 보게 되는 영화가 있다. 더 많은 사람에게 책이 그런 역할을 했으면 좋겠다.

추억의 책, 나를 울리는 책, 삶에서 상처받았을 때 몇 번이고 들춰 보는 문장들…… 그런 책 한두 권쯤 마음에 품고 사는 사람들이 더욱 많아지면 그 따뜻함이 사회라는 틀에도 전해지지 않을까 생각한다. 음악이나 영화보다 책이 더 훌륭하다고 감히 말할 수 있는 지점은, 모든 생각의 근본이 문자에서 시작하기 때문이다.

책은 더 나은 생각을 만든다. 나은 생각을 할 수 있도록 독자를 인도하고 사색의 시간을 장치한다. 이것은 모든 인류 발전의 궤적에서 책이 항상 먼저 해온 일이고, 앞으로도 해야 할 일이라고 믿는다.

도서관 자동문이 스-윽 열리면, 오늘도 도서관에 아이들이 쏟아진다. 몇몇 아이들 손에는 '취학 전 천 권 읽기' 독서 여권이 들려 있다. 도서관의 잘 꾸며진 차창으로 따뜻한 햇볕이 넘실거린다. 오늘 아이들은 책과 함께 무한한 상상의 여행을 떠날 것이다. 이 풍경이 아이들에게도 한 장의 추억으로 남았으면 좋겠다. 그것은 분명 성장의 거름이 될 것이다. 그래서 오늘도 도서관과 사서는 그 풍경 속에서 조용히, 언젠가는 잊힐지 모르는 공기를 만든다. 그 공기는 모든 독자가 겪을 호기심과 상상의 세계를 향한 작은 응원이다.

닫는말

'사람, 도서관, 환대' 안에서

이신영
중랑숲어린이도서관 사서

우리는 모두 한때 어린이였다. 어른들 대부분이 잊고 사는 그 사실을 문득 깨달을 때면, 따뜻하고 부드러운 세계가 온 품 안에 흘러 들어오는 느낌이다. 다행히도 유년의 나는 책 속 세상을 마음껏 유영할 수 있도록 자유를 부여받은 어린이였다. 그 안에서 만난 수많은 주인공은 멋지고 위대하기도 했지만, 슬프고 보잘것없기도 했다. 그리고 때로 믿을 수 없을 만큼 용감한 주인공들도 있었다. 평범한 하루의 끝, 현실의 사람들이 시시해질 때면 머리맡을 지키던 친구들과 함께 다채로운 세상으로 여행을 떠났고, 나 아닌 존재에게 연결되는 느낌은 근사했다.

독서는 여행과 닮았다. 책 너머로 빠져들 수 있는 시간과 장소만 주어진다면 다양한 사람과 만나 세계 각지는 물론 순식간에 경계 없는 장소에 가닿게 한다. 그 속에서 우리는 더 넓고 깊은, 풍요로운 세계 속에 머무른다. 내가 아니기에 아마도 완전히는 이해하지 못할 타자에 대해, 그럼에도 불구하고 그 너머를 가늠해보려는 관

대함을 배운다.

뿐만 아니다. 인간의 눈과 귀는 언어로 이루어지지 않았는가. 세상을 인지하고 사고하며 발설하는 모든 것이 '언어'라는 통로를 거친다. 이 과정에서 '독서'라는 매개는 이 현상을 더욱 명료하게 가져온다. 카메라에 선명효과Sharpen 필터를 입힌 것처럼 또렷한 언어는 마찬가지로 인간의 의식과 상호작용하며 사고를 한층 긴밀하고 두텁게 만든다. 언어의 산물인 책이 바로 그 필터가 될 수 있음은 말할 필요도 없다. 수많은 세계관과 문화가 켜켜이 내려앉은 언어야말로 인간을 이루는 거대한 본질이 아닐까.

이 이야기는 코로나라는 팬데믹 시절을 거치면서도 '천 권 읽기' 프로젝트를 유예할 수 없었던 이유이기도 하다. 보지 않으면 잊히는 것처럼, 도서관이라는 공간과 책이라는 매개 역시 마찬가지다. 인지 능력이 폭발적으로 발달하는 유년 시기, 일상과 언어가 반복되는 마을 도서관은 지켜내야 하는 최소한의 보루다. 특히 단절의 시대에는 더욱 그 가치가 빛난다. 천 권 프로젝트팀은 꾸준한 동기 부여는 물론, 함께 읽는 무경계 독서 환경을 위해 마을 곳곳마다 여행을 모티프로 한 천 권 인프라를 조성함으로써 독서 공동체로 향하는 첫발을 내딛었다.

'가장 개인적인 것이 가장 창의적인 것이다'라는 문장을 기억한다. 영화계의 거장 마틴 스콜세지의 말을 인용한 영화감독 봉준호의 아카데미 시상식 소감의 일부다. 제각각의 개성으로 다듬어지지 않은 어린이들을 보고 있노라면 그 새로움과 다양성에 매번 놀란다. 여기서 만난 어린이들 또한 앞으로 '1,000'이라는 숫자 이상으로 다채로운 자신만의 이야기를 만들어갈 것이다. 그래서 궁금해진다. 가깝고도 먼 훗날, 우리를 거쳐 간 어린이들은 이 유년의 경험을 어떻게 기억하게 될까.

앞으로 펼쳐진 무한한 가능성 앞에서, 삶의 빛나는 순간을 향유

할 수 있도록 마련된 천 권 프로젝트는 어린이에 대한 존중에서 시작되었음을 다시 한번 강조하고 싶다. 어린 시절 내가 만난 수많은 지성인과 반항아, 용기 있는 자와 나아가는 자를 기억한다. 좋았던 때는 물론, 세상에 홀로 남겨진 것 같았던 때도 귓가에 일정한 목소리를 내어준 장본인들이다. 내가 성장한 것처럼 책 속의 그들도 성장하여 이제 오래된 친구로 남았다. 그리고 그들은 은신처이자 환대의 장소였던 도서관에 남아 여전히 새로운 가능성을 속삭인다.

'우리 안에는 무엇이 있는가.'

문해력, 어휘력, 사고력을 키워주는 도서관 책육아
취학 전 1000권 읽기
ⓒ 이지유·여현경·이신영, 2022

초판 1쇄 인쇄 2022년 7월 27일
초판 1쇄 발행 2022년 8월 12일

지은이   이지유·여현경·이신영

펴낸이   이성림
펴낸곳   성림북스

책임편집 김미성
디자인   북디자인 경놈

출판등록 2014년 9월 3일 제25100-2014-000054호
주소   서울시 은평구 연서로3길 12-8, 502
대표전화 02-356-5762   팩스 02-356-5769
이메일   sunglimonebooks@naver.com

ISBN   979-11-88762-66-8 (13590)

* 책값은 뒤표지에 있습니다.
* 이 책의 판권은 성림원북스에 있습니다.
* 이 책의 내용 전부 또는 일부를 재사용하려면 성림원북스의 서면 동의를 받아야 합니다.